에스페란티스토답게!
1960~70년대 소련체제를 엿볼 수 있는 인생소설

청년운동의 전설

미카엘로 브론슈테인 지음

청년운동의 전설

인   쇄 : 2022년 2월 7일 초판 1쇄
발   행 : 2022년 2월 14일 초판 1쇄
지은이 : 미카엘로 브론슈테인(Mikaelo Bronŝtejn)
옮긴이 : 장정렬(Ombro)
표지디자인 : 노혜지
펴낸이 : 오태영(Mateno)
출판사 : 진달래
신고 번호 : 제25100-2020-000085호
신고 일자 : 2020.10.29
주   소 : 서울시 구로구 부일로 985, 101호
전   화 : 02-2688-1561
팩   스 : 0504-200-1561
이메일 : 5morning@naver.com
인쇄소 : TECH D & P(마포구)

값 : 12,000원
ISBN : 979-11-91643-

에스페란티스토답게!
1960~70년대 소련체제를 엿볼 수 있는 인생소설

청년운동의 전설

미카엘로 브론슈테인 지음
장정렬(Ombro) 옮김

진달래 출판사

나와 함께 투쟁한 동지들,
나의 동료이자 SEJM의 회원들에게
이 소설을 바칩니다.

원서 출판 정보

원제: LEGENDOJ PRI SEJM

SEJM에 대한 전설

지은이: 미카엘로 브론슈테인
Mikaelo Bronŝtejn
출판사: <Impeto>, 모스크바, 1992
번 역: 장정렬(Ombro)

Originala romano
에스페란토 원작소설

차례(ENHAVO)

자작시

나의 SEJM이여,

내가 좋아하는 일이
나를 찾아내지 못했다면
내 삶은 아무 소용없는
지루한 삶이었으리라.
나의 SEJM이여,
너는 시원한 빗물 같았고,
네가 있음이 나의 기쁨이네.
젊어서 나는
영원한 길을 꿈꾸었지.
가을이 시작되면
이미 새 휴가가 기다려지네.
나의 SEJM이여,
너는 기쁨이자 고통이었네.
너는 천 가지 감정을 내게 선사했네.

나의 SEJM이여,
청춘의 사랑처럼 취하게 만들었네.
해마다-
구르는 내 운명의 조약돌이었네.
안녕히, SEJM이여,
이제 안녕, 해맑은 내 청춘이여,
너는 가고 -끝없는 길은 남았네.

Poemo

Mia SEJM,

Estus viv'
Ekzist' enua sen bezon'
Se ne trovus foje min
Amata mia afer'.
Mia SEJM,
Vi estis kvazaŭ fresha pluv',
Mia ĝoj' estis via aper'.
En la jun'
Mi revis pri l' eterna voj',
En komenco de l' aŭtun'
Jam logis nova feri'.
Mia SEJM,
Vi estis ĝojo kaj angor'
Sentojn mil vi donacis al mi.

Mia SEJM,
Ebriiga, kiel juna am',
Ĉiu jaro - la ŝtonet'
En rol' de mia destin'.
Adiaŭ, SEJM,
Adiaŭ, mia hela jun',
Pasis vi - restis vojo sen fin'.

저자 소개

미카엘로 브론슈테인은 1949년 7월 7일 우크라이나 크멜니쯔키이 라는 도시에서 태어났다. 그는 튤라 시의 폴리텍대학을 졸업하고, 기술자-사이버네틱스 기사라는 특이한 공학 학사 학위를 받았다. 1981년부터 10년간 그는 보르쿠타에 살면서 "콤소몰스카야" 광산에서 근무했다. 지금 그는 페테르부르크 인근 티흐빈 시의 야금 공장 "Galant"에서 에너지 기술주임으로 일하고 있다.

그는 1961년 에스페란티스토가 되었다. 소련에스페란티스토운동의 주요 지도자로서 활동했다. 그는 에스페란토 대중에게 자신이 직접 시를 짓고, 번역시도 선보였다. 『samizdate』이라는 노래집도 시리즈로 발간되었다.

그의 번역작품 중 가장 널리 알려진 것은 시인 알렉산드르 푸슈킨의 시 '눌린(Nulin)백작'이다. 이 작품은 "Impet'89"(모스크바 "Progreso" 출판사) 연감과 『영원의 음악』(1988년 레닌그라드) 음반에 동시 발표되기도 했다.

1992년 "Impeto" 출판사에서 그의 책 『소련에스페란티스토청년운동의 전설』이 발간되었다.

미카엘로 브론슈테인은 《모스크바 잡지》(Moskva Gazeto)의 문학클럽 지도자이다.

PRI LA AŬTORO

Mikaelo Bronŝtejn naskiĝis la 7-an de julio 1949 en urbo Ĥmelnickij, Ukrainio. Li finis Politeknikan instituton en urbo Tula kaj havas specialecon — teknikisto-cibernetikisto. En 1981—1991 loĝis en Vorkuta kaj laboris en minejo "Komsomolskaja". Nun li estas ĉefa energetikisto de uzino "Galant" en apudpeterburga urbo Tiĥvin.

Esperantistiĝis en 1961. Havis diversajn gvidajn funkciojn en Sovetia Esperantista Movado. Verkis kaj tradukis multajn kantojn, kiujn mem prezentas al la Esperanto-publiko.

Estis eldonitaj "samizdate" multaj aŭtoraj kantaroj. La plej konata el liaj tradukoj estas "Graf' Nulin" de Aleksandr Puŝkin, en almanako "Impeto'89" (eldonejo "Progreso", Moskvo) samtempe aperinta sur disko "Eterna muziko" (Leningrado, 1988). En 1992 en la eldonejo "Impeto" aperis lia libro "Legendoj pri SEJM".

M. Bronŝtejn estas gvidanto de literatura klubo de "Moskva Gazeto".

01. 서문

우리는 오늘날 앞을 향해서만 속도를 더해 질주한다. 그 가속도 속에서 나의 **"SEJM"**, 즉, **소련 에스페란토 청년운동(Sovetia Esperantista Junulara Movado)**과, 소련이라는 나라조차도 점점 더 먼 역사가 되어 간다.

그런 역사 속에 들어간 옛일을 돌아보니, 안타깝다. 하지만 <모스크바 잡지(Moskva Gazeto)>에 '나의 전설' 중 초고 일부가 발표된 이후, 청년 몇 명은 편지로 고마움을 전해 왔다. 그들은, 내가 그들을 위해 그들 역사의 몰랐던 한 페이지를 알려주었다고 고마움을 전해 왔다. 그러나, 정말, 내겐, 이 모든 일은 방금 일어난 일이었다! 그리고 더구나, 나는 사학자도 아니다. 늘 운동이란 역사적인 면이 있기에, 나보다 더 경험 많은 분들이 우리 역사에 관심을 두고 있었다. 작고하신 유오자스 페트룰리스(Juozas Petrulis*)가 대표적인 분이다. 다른 세상으로 가신 알렉산드로 하리코브스키이(Aleksandro Harjkovskij*)도 계신다. 저 멀리 분리 독립된 곳에 사시는 드미트리 시불레브스키(Dmitrij Cibulevskij*)도 있다, 소문에는, 이 분은 **SEJM**에 대해 사실에 근거한 방대한 책을 준비하고 있다고 한다.

하지만, 지금 여러분이 읽는 이 작품이 필요하지도 않고, 급하지도 않는 작업이라고는 전혀 생각하지 않는다. 에스페란토-아카데미의 러시아인 회원 보리스 콜케르(Boris Kolker*)가 나를 '기억 잘 하는 사람'으로 칭찬하셨다는데, 그분 혼자뿐일까?

01. Preludo

Ni akcelas antaŭen en la tempo. En tiu akcelo la Sovetia Esperantista Junulara Movado, mia SEJM, kaj eĉ Sovetio mem iĝas pli kaj pli fora historio. Domaĝe, sed post apero de miaj unuaj legendo-skizoj en Moskva Gazeto kelkaj gejunuloj letere dankis min, Ili skribis, kvazaŭ mi malkovris por ili nekonatan paĝon de historio. Sed ja, laŭ mi, ĉio-ĉi ĵus estis okazinta! Kaj des pli - mi ne estas historiisto. Ĉiam la movado havis historian fakon, kaj pri nia historio diligente okupiĝis personoj pli spertaj ol mi. La forpasinta Juozas Petrulis*[1]. La forveturinta alian terduonon Aleksandro Harjkovskij*. La forsendependiĝinta Dmitrij Cibulevskij*, kiu, onidire, preparas grandampleksan libron pri SEJM en faktoj.

Tamen, mi neniam havis eĉ guton da opinio, ke mi faras superfluan laboron. Ĉu ne sola en Rusio ano de Esperanto-Akademio, Boris Kolker* komplimentis, ke mi estas memorulo.

---

1) 편집자 주:* La vortojn, notitajn per (*) la leganto trovos en glosaro aŭ nomlisto en la fino (Red.) (*)기호가 덧붙인 인물이나 용어는 이 책 끝에 <용어나 인명록>에 정리되어 있으니, 독자들은 참고하세요(편집자 주)

아주 적당한 말씀이다. 나는 기억하고 있다. 그리고 내 기억 속에 있던 것을 꺼내, 애독자 여러분에게 발표함은 시대에 꼭 맞지는 않지만, 다 당면으로 당시 우리 삶을 표현한, 아주 흥미로운 사건이라는 늘 생각한다.

이상한 것이 바로 우리 삶이었다!

젊어 순진하고 믿음직한 우리는 정말 우리에게 주어진 이상을 믿었다. 더욱 서로를 무조건 신뢰했다. 정반대로, 불합리한 것까지도. -생각해 보라-, 외국과의 접촉을 국가가 독점하던 것을 우리가 참여해, 이를 허무는, 근본적으로 배교자 같은 운동이었기에, 우리가 하는 사회의 유익한 봉사 활동이 공공 기관에 정기적으로 보고되었다. 우리 운동은 행복한 일이기도 했고 기쁨이기도 했다. 왜냐하면, 우리에겐, 우리가 보기엔, 공동의 일과 공동의 목적이 있었다. 아름다웠다, 우리의 그 삶이!

비록, 그럼에도, 우리가 너무 나이가 들진 않았어도, 우리 기억은 어떤 자세한 일에 있어 우리를 배신할 수 있다. 의심에 여지없이, 나는 내가 보유한 몇 가지 귀한 자료를 사용할 것이다. 아마 그것들은 내 기억에 좀 더 중요한 표정의 장면을 보여줄 것이다. 그러나, 안타깝게도, - 내가 제시한 사건 전부가 서류로 뒷받침되지 않을 수도 있다, 그래서, 분명히, 약간의 거짓말에 대해 나를 비난하려는 사람들도 나올 것이다. 나는 거짓말하지 않는다.

만일 내가 분명 기억하지 못한 곳에서는, 내가 환상을 썼을 것이다.

Tre taŭga difino. Mi memoras. Kaj el mia memoro estas eltirotaj kaj prezentotaj al legantaro miaopinie tre amuzaj okazintaĵoj, eble ne ĉiam konsekvencaj tempe, tamen multfacete prezentantaj nian tiaman vivon.

Stranga ĝi estis, nia vivo! Junece naiva kaj konfida, ja ni firme kredis la donatajn al ni idealojn, des pli unu al la alia ni fidis senkondiĉe. Kontraŭdira ĝis absurdo ĝi estis, – vidu, – nia, esence disidenta movado, subfosanta monopolon de la ŝtato por eksterlandaj kontaktoj, regule raportadis al la oficialaj instancoj pri niaj sociutilaj agoj. Feliĉa kaj ĝua ĝi estis, ĉar ni havis komunan laboron kaj komunan, ŝajnis al ni, celon. Bela ĝi estis, nia vivo!

Kvankam ni dume ne estas tro kaduka, la memoro povas perfidi en iuj detalaĵoj. Sendube, mi uzos kelkajn rarajn dokumentojn, kiujn mi posedas. Eble ili donos al miaj elmemoraĵoj iom pli gravmienan aspekton. Sed, ve – ne ĉiun prezentotan okazon mi povas apogi per dokumentoj. Do, certe, aperos homoj, kulpigontaj min pro ioma mensogo. Mi ne mensogas.

Se mi ne klare ion memoras, mi fantazias.

나는 이 모든 것을 내가 체험하였고, 체험하면서 느낀 감정 -고통, 행복, 악의, 애달픔, 사랑- 은 고스란히 환상을 만들어 가는 좋은 도구가 되었다. 아무도 나를 비난하지 않도록 할 목적으로, 나는 이 모든 것을 '전설'이라고 명명한다. 그래서 이 전설은 3가지 의미가 있다. 첫째로, 이는 생생한 진실에서 약간의 이탈을 허락한다. 둘째로, 이는 당시 그 시대의 정서를 잘 전달해준다 -진실로 지난 사건들이 지금의 눈으로 보면 온전히 전설처럼 보인다. 그리고 셋째로, 나는 내가 발표할 전설이 읽을 만한 가치가 있다고 생각한다. 오늘의 현대를 좀 더 잘 이해하려면. 그래서, 그렇게 되기를 기대한다.

　남부의 겨울이 눈물에 호의적이지 않아도
　엄마는 울고 계시고, 나도 울먹였네.
　저 콧수염의 높은 거인은
　엄마와 나에게 귀중했다네.
　야영 행사에서의 "휴식" 뒤에
　턱수염을 지닌 54세의 삼촌이 돌아오셨네……
　그 삼촌은 늘 기절할 듯이 창백하네,
　'라브렌티이 팔리치'라는 말을 들으면, 지금도.
　입을 바지조차, 먹거리조차도 부족했던 우리에겐,
　-적어도 정치적 변화가 아주 조금 중요했네.
　인도 영화 속 삶은 우아했고
　우리는, 다섯 살의 아이처럼 "방랑자"를 노래했네.
　일, 이, 삼, 사 년- 쓸쓸히 지나가네.
　그래도 내 노래는 소리 나네.

Mi prezentas ĉion tiel, kiel mi travivis ĝin – restis sentoj pri la travivaĵoj: angoro, feliĉo, malico, ĉagreno, amo – jen bona apogilo por fantazii. Nur por ke neniu akuzu min, mi nomas ĉion-ĉi legendoj. Eĉ tri sencojn havas tiu ĉi bonega vorteto. Unue, ĝi permesas ioman devion de la kruda vero. Due, ĝi bone transdonas la etoson – vere la eventoj nun aspektas kvazaŭ legendo. Kaj trie, mi supozas, ke la prezentotajn legendojn endas legi. Por pli bone kompreni la nuntempon. Do, estu tiel.

La suda vintro larmojn malfavoris,
Sed panjo ploris, ankaŭ mi ekploris.
Ĉar tiu alta monumen' liphara
Por ŝi, ankaŭ por mi, do, estis kara.
Revenis post "ripozoj' en tendaro
Barbulo-onklo en la kvindek kvara...
Sed la oldulo ĉiam svene palas
Eĉ nun, se aŭdas pri Lavrentij Palyĉ.
Por ni, senpantalonaj kaj senmanĝaj,
Apenaŭ gravis politikaj ŝanĝoj,
En hindaj filmoj vivo elegantis,
Do ni, kvinjaraj, "Vagabondon" kantis.
Unu, du, tri, kvar – forpasas jaroj kun amar',
Kaj tamen sonas mia kant'.

이제 우리 소모임은 - 난 아주 희망이 생겼네.
내 친구들은 내 말을 듣네.

정의롭다는 푸른 시대은
당첨될 것 같은 복권처럼
똑같이 슬로건이 잘 효과적이네.
우리 아이들에게, 또 우리 베테랑에게도.
가장 열정의 빛나는 목소리를 통해
학교 선생님들은 잘 못 가르쳐서
나는 가난해도, 미래가 유혹적이고
거짓의 핵심에도 불구하고, 격려해 주네
모든 들판에 옥수수만 자라고.
20년을 넘어 공산 정치가 빛났네.
그리고 나는, 젊은 선구자인 나는
공동의 길에서 공동의 노래를 부르고.

나는 극복하고, 승리하러 자랐네.
아름다운 미래를 더욱 소망했네.
또 에스페란토는 일상의 콤소몰 활동만큼이나
중요했네.
큰 외침이나 슬로건 없이도, 하지만
우리는 에스페란토를 앞으로 밀고 갔네.
전 소련의 우정어린 단체에서
그리고 그때 내 마음에 노래가 왔네.
내 노래를 큰 소리로 비웃었던 그대여,
평화와 복종으로 오게 하는 그대여.

Jen la eta rond' - mi tre esperas: en la mond'
Amikoj miaj aŭdas min.

La blua tempo de la justo ŝajna,
Kvazaŭ la loterio senmalgajna.
Efikas same bone la sloganoj
Al ni, infanoj, kaj al veteranoj.
De l' voĉ' radia kun fervoro pleja
Mensogis instruistoj en lernejo,
Sed povris mi, kaj la estonto loga
Inspiris, malgraŭ la esenc' mensoga.
En ĉiuj kampoj kreskis nur maizo,
Trans dudek jaroj brilis komunismo,
Kaj marŝis mi, la juna pioniro,
Kun kant' komuna en komuna iro.

Mi kreskis por konkuri kaj konkeri,
Por la estonton belan plu esperi.
Kaj Esperanlo gravis ne pli ol la
Kutima aktivado komsomola.
Sen laŭtaj vortoj, sen sloganoj, tamen
Ni diligente puŝis ĝin antaŭen
En la amika rondo tutunia
Kaj tiam venis kant' al koro mia.
Vi, kiu miajn kantojn laŭte mokis,
Kiu al paco kaj obeo vokis,

이해하라: 나를 감동하게 한 것은 분명
자작나무에서의 대령이 하는 명령은 분명 아니었으니.
…

Komprenu: min inspiras certe ne la
Betula ordonado kolonela.
...

02. 호소하는 자

모든 것이 어떻게 다시 시작되었을까? 우리는 에스페 란토 여명기에 러시아사람들이 많았음을 잘 알고 있다. 강력한 에스페란티스토 단체들이 페테르부르크에서 블라 디보스토크까지 많았음을. 그 당시 실험적인 젊은 국가 에 국제어가 맹위를 떨치며 행진했음을 잘 알고 있다. 그 승리의 행진이 갑자기 1938년 중단되었음도 잘 알고 있다. 에스페란티스토들은 어떤 식으로든 외국인들과 접 촉한 일로 당하는 그런 사람들의 운명을 함께 겪었다. 수많은 사람이 즉시 죽임을 당했고, 수많은 사람이 고통 의 유배(gulagaj*) 세월 속에 죽어갔고, 또 전쟁에 수많 은 사람이 실종되었다. 사람들은 살아남았지만, 그들의 목덜미에는 영원히 라브렌티이 파블로비치 베리야 (Lavrentij Pavloviĉ Berija*)의 늘 차갑게 하는 숨소리 가 각인되었다. 그래서 그들도 침묵했다. 누가 다시 우리 운동을 시작했을까?

최초로 다시 운동을 일으킨 분을 나는 정확히 알고 있다. 그분이었다. 툴라(Tula) 출신의 회계업을 하는 평 범한 사람인 엘야(엘리오) 키셀요프(Ilja (Elio) Kiseljov*). 그분은 1954년 외국 에스페란티스토 잡지에 자신과의 서신 교환을 원한다는 글을 썼다. 그로부터 15 년이 지난 뒤, 그분은 나에게 누렇게 변한 외국 편지 다 발을 나에게 보여주었다. 그 편지들에는 거의 모두가 똑 같은 질문을 하고 있었다.

02. Alvokisto

Kiel ĉio rekomenciĝis? Ni bone scias, ke ĉe la lulilo de Esperanto abundis ruslandanoj. Ke fortaj esperantistaj societoj multis de Peterburgo ĝis Vladivostok. Ke eĉ pli triumfe marŝis la lingvo internacia en la juna eksperimenta ŝtato. Ankaŭ, ke tiu triumfa marŝado estis abrupte haltigita en 1938. Esperantistoj dividis la sorton de ĉiuj, kiuj kontaktis iel kun eksterlandanoj: multaj estis mortigitaj tuj, multaj mortis dum turmentaj gulagaj* jaroj, multajn pereigis la milito. Multaj restis vivantaj, sed jam enradikiĝis en iliajn nukojn por ĉiam la konstanta glaciiga spirado de Lavrentij Pavloviĉ Berija*. Do ankaŭ ili silentis. Kiu rekomencis?

La unuan rekomencinton mi konas precize. Estis li, simpla librotenisto el Tula, Ilja (Elio) Kiseljov*, kiu en 1954 publikigis sian korespondproponon en eksterlanda esperantista revuo. Dekkvin jarojn pli poste li montris al mi stokon da flaviĝintaj eksterlandaj leleroj. Preskaŭ en ĉiu el la leteroj ĉeestis la sama demando:

"소련에 정말 살아있는 에스페란티스토들이 있나요?..."

그렇게 이 언어의 실제 사용이 되살아났다. 하지만 일련의 다른 더욱 열정적이면서도 더욱 출중한 능력자들이 우리 운동을 되살리는 일에 동참했다. 에우게노 보카레프(Eugeno Bokarev*)교수, 다비드 아르만드(David Armand*)교수, 세미욘 포드카미네르(Semjon Podkaminer*)교수, 파울 아리스테(Paŭl Ariste*) 교수. 그런 몇 분의 유능한 교육자 속에 나의 스승도 계셨다. -호소하는 자(Alvokisto)라는 별명을 가진 분. 그렇게 그분은 자신의 이름을 자신의 여러 시 중 한 곳에 써 두었다 : *"나, 틸 에우렌스피에겔(Til Eulenspiegel)은 슬퍼서 거리에 나선 호소자이네. 아, 국제어를 위해서 어떤 인물이, 어떤 사람이 있는가?!"* 불허된, 의심의 시대에 그 영웅적이고 자기 희생한 그런 호소자 분들은 별동대원들처럼 첫걸음의 일을 시작했다. 그래서 나는 말한다. 그분들이 우리 초록 정원에 땅을 파고, 꺾꽂이를 준비하셨다고.

부다페스트 세계에스페란토대회(1970년)에 참석한 분들의 여행 서류 중에서 내가 자기소개서 한 장을 찾아냈다. 안드레오 보리소비치 로고프(Andreo Borisoviĉ Rogov*)에게는 어떤 졸업장이나 학위가 없음을 나는 알게 되었다. 1914년에 태어나, 너무 일찍 부모님을 여읜 그는 일생에 "외국어 기술학교"(정말 그런 학교들이 있었다!)를 마친 뒤, 세계대전에 참전한 기간을 제외하고는, 교사로 일하고 있었다.

"Ĉu vere en Sovetio restis vivaj esperantistoj?.."

Tiel rekomenciĝis praktika uzado de la lingvo. Tamen, la movadon rekomencis aliuj, pli kuraĝaj, pli fervoraj, pli talentaj. Profesoroj Eugeno Bokarev∗, David Armand∗, Semjon Podkaminer∗, Paŭl Ariste∗... Kelkaj kapablaj pedagogoj, inter kiuj estis ankaŭ mia instruisto — la Alvokisto. Tiel li nomis sin en unu el siaj versaĵoj: "Mi, Til Eulenspiegel, en tristo staras sur strat' alvokisto. Ho, kiu persono kaj kia por la lingvo internacia?!". La heroeca sinofera taĉmento da Alvokistoj inter malaprobo kaj suspektoj faris la malnetan laboron, mi diru, — preparis grundon kaj markotojn por nia verda ĝardeno.

La aŭtobiografio, kiun mi trovis inter la dokumentaro por vojagho al la Universala Kongreso en Budapeŝto (1970) malkaŝas, ke mankis ajnaj prestiĝaj diplomoj kaj sciencaj gradoj al Andreo Borisoviĉ Rogov∗. Naskita en 1914, tro frue perdinta la gepatrojn post fino de "teknika lernejo de fremdaj lingvoj" (estis ja tiuj!) dum tuta vivo, escepte la mondmilitajn jarojn, li estis instruisto.

분명히, 그 "기술적" 학식은 그에게는 충분하지 못했다. 그래서, 그는 통신학습으로 교육대학교(고등학교)의 2개 학과를 졸업했다. 그래서, 그는 외국에 살게 되었다. 전쟁 중에, 1939년 그는 징집되어, 전쟁의 첫날부터 승리의 날까지 -전쟁연구 장교로- 맨 앞에서 싸웠다. 한 번도 안드레오는 자신의 개인적 영웅적인 행동에 대해 말하지 않았으나, 2차례의 심한 부상이 이를 잘 입증했다. 또한 수많은 훈장과 메달도 받았다. 전쟁이 끝난 뒤에도 2년간 그는 외국에서 보냈다. 그는 오스트리아 비인 주재 소련 외교사절단 고문으로 있었다....

　　하지만, 그는 1970년 부다페스트에서 열린 세계에스페란토대회에 참석할 기회를 얻지 못하였다. 그는, 일반적으로, 그 뒤로 외국에 가볼 기회가 없었다. 교사 안드레오가 에스페란토를 가르치고 보급하기 시작한 뒤로 그의 외국 여행은 불허되었다. 그 당시 외국 여행을 못 하게 되는 것은 감옥행은 아니라 해도, 적어도, 아주 의심을 받은 범죄와 비슷했다. 정말 그랬다. 무슨 인공언어를 끊임없이 또 주저 없이 방어하고, 또 가장 고위층의 권력기관에 호소하는 정도의 인물을 속물 건성의 브레즈네프 시대의 관료와 지방 권력자들은 의심의 눈초리를 거두지 않았던 시절이었다. 보라, 1969년 발간된 "몰로다야 그바르디야(Molodaja gvardija"(제10호)에는 유명 시인 발렌린 시도로프(Valenlin Sidorov)가 에스페란토에 반대하는 시를 발표하자, 로고프(Rogov)가 즉각 이를 반박하는 시를 썼다. 그분의 시를 보라. 그렇게 답가를 쓴 그분은 누구일까?...

Certe, la "teknika" klero ne sufiĉis por li, do, li korespondis konkeris du fakultatojn de pedagogia altlernejo. Jes, li estis en eksterlando. Dum la milito. Mobilizo kaptis lin en 1939, ekde la unua tago de la milito ĝis la venko li batalis antaŭ la unua vico — kiel oficiro de militesploro. Neniam Andreo Rogov babilis pri sia persona heroeco, sed bone atestis tion du gravaj vundoj, ankaŭ aro da ordenoj kaj medaloj. Ankaŭ du liaj postmilitaj jaroj pasis eksterlande. Konsilisto de Sovetia diplomatia misio en Vieno li estis...

Tamen, Budapeŝton en 1970 li ne trafis. Ĝenerale, li neniam plu trafis eksterlanden. La instruisto Andreo Rogov iĝis neellasenda eksterlanden ekde kiam li komencis instrui kaj propagandi Esperanton. Tiam ĝi egalis krimon, se ne jam prizonigan, do, almenaŭ, tre suspektindan. Ja vere, en la okuloj de filistra breĵnevepoka burokrataro ĉu povus resti ekster suspektoj ulo, insiste defendanta iun artefaritan lingvon, sentime kaj preter lokaj potenculoj plendanta al instancoj de la plej alta nivelo? Jen, en 1969 aperis en "Molodaja gvardija", n-ro 10, kontraŭesperanta versaĵo de konata kortega poeto Valenlin Sidorov, do, tiu Rogov tuj rebatas per la respondo versa. Kiu estas li por respondi?..

나는 그 작품 둘을 여기에 번역해 싣고 싶은 유혹을 참을 수 없기에 소개하고자 한다. 안드레오 로고프(Andreo Rogov)의 시는 좀 줄였다. 하지만 그 시를 통해 그분의 성격을 보라.

발렌린 시도로프의 시
우리가 에스페란토에 관해
나날이 점점 더 말하는 이유는 뭔가?
천진난만함인가? 재능이 부족함인가?
떠들썩함인가? 그도 아니면 다른 뭔가?
아니면 뭔가 개인적으로
역사와 관련된 뭔가 낯선 실마리이구나.
그리고 누가 우리에게 갑자기 요구하네,
현재를 우리 과거와 나누라고
하지만 우리 어머니가
어릴 때부터 불러주신 내 언어와 내 노래들을
단번에 완전히 얼려 잊게 함은
그건 조국을 배신함과 같구나.
샘에서 흘러나온 물은 다시 그 샘으로 돌아갈 수 없고,
나는 내 두 눈으로 분명히 보네:
내 손자, 내 먼 자손은 지금 나처럼
러시아어로 말한다.
우리 평화를 깨뜨리는 시도들은 헛되도다 -
우리 손자 손녀는 부모의 언어를 옹호할 테고.
그만큼 순수하게 그만큼 애정으로
그만큼, 진실로 우리는 옹호하리라.

Mi ne povas deteni la tenton kaj prezentas la ambaŭ versaĵojn en traduko. Tiu de Andreo Rogov estas iom mallongigita, sed vidu la karakteron lian en ĝi!

Valentin Sidorov
Per kio ni klarigu, ke pri esperanto
 Ni tag' post tago pli kaj pli parolas?
Pro naivec'? Pro manko de talento?
Pro la bruem'? Pro io-ajn alia?
Aŭ fremdas ial por persono ia
Faden', liganta kun la histori',
Kaj iu ekdeziris nin, subite,
Disigi nun de nia pasint'.
 Sed mian lingvon kaj la kantojn, kiujn
Patrino kantis en la infanaĝ',
 Forgesi fride eĉ por la momento
Egalas al perfilo de l' Patrujo.
 Ne venas reen elfluintaj fontoj,
 Kaj vidas la rigardo mia klara:
 Mia pranepo, nepo mia fora
 Parolas rusan lingvon, kiel mi.
 Ja vanas provoj malpacigi nin! —
Ili gepatran lingvon tiel flegos
 Tenere, kaj kun la purec' tioma,
 Kiom, verŝajne, devus flegi ni.

안드레이 로고프의 시

재능있는 체하는 어느 시인이
알지 못하는 이유로 어느 시대에
에스페란토를 자신의 목적으로 삼아
가장 아프게 뿔로 찌르려 하네.
또 그 가난한 시인은
악의의 에스페란토가
제 어머니가 노래하던
자신의 언어를 뺏으려고 애쓴다 하네.
또 일상의 조국에서 그는
"역사와 실타래로 연결 고리"를 찾네.
모든 것이 새롭고, 모든 것이 무지한 채로
잠자고 조용히 썩는 것을 방해하네.
순진해서? 시끄러워서? 퇴보.
낯선 것을 비난하며 자신의 것에 축복하기.
그대 조상이나 먼 시대의 할아버지는
엄마가 노래하던 언어만 알고 살았지만
그대 손자는 애국자가 되고 싶다네.
급변하는 시대의 삶에 도달하기 위해
그 손자는 필시 다언어 사용자가 되어,
그 손자는 에스페란토부터 먼저 배우리라.

안드레오 로고프는 전 세계 프롤레타리아 사이의 형제애라는 사상에 매료된 수많은 가난한 시골 소년들과 마찬가지로, 1927년 에스페란토를 독습했다.

Andrej Rogov

Unu poet' kun la talentsimilo
En iu temp' pro nekonata kaŭzo,
Preninte Esperanton, kiel celon,
Ĝin volis kornobati plej ofende.
Kaj tiam ŝajnis al poeto tiu,
Ke penas la malica Esperanto
Forpreni de li, povra, tiun lingvon,
En kiu al li kantis la patrino.
Kaj serĉas li en la Patruj' kutima
"Fadenan ligon kun la histori'",
Dum ĉio nova, ĉio nekonata
Malhelpas dormi kaj kviele putri.
Ĉu naiveco? Ĉu bruem'? Regreso.
Siaĵon beni, refutante l' fremdan.
Praŭlo via aŭ praavo konis
Nur tiun lingvon, kiun panjo kantis.
Pranepo via estos patrioto,
Nur por atingi rapidantan vivon,
Li, espereble iĝos poligloto,
Sed li komencos ja — de Esperanto.

Andreo Rogov lernis Esperanton memstare en 1927, kiel multaj — multaj malsataj vilaĝaj knaboj, ravitaj pro la ideo de interproleta frateco tutmonda.

30년의 세월이 지나고 -그는 자신이 사는 마을에서 에스페란토를 지도하기 시작했다. 동시에, 인근 다른 도시에도. 이 도시가 바로 내 고향이었다. 나는 그분의 활발한 시절에 그분이 연 강습회에 참가해 에스페란토를 배웠다.

아아, 로고프 선생님의 에스페란토 강의는 어떠했던가! 낭만적이고, 웃게 만들었고, 교육적이고, 재미있고... 그 강의에는 다양한 매력적 이야기들이 있었고, 그곳에는 비일상적으로 본받을만한 삶이 고동치고 있었다! 둘째 수업에서 우리는 이젠 외국에 맨 처음의 편지교환을 제안하는 편지를 썼다. 그 언어를 2년 차로, 3년 차로 배우고 있던 "나이 많은" 남녀 학생들이 도와주었다. 다섯째 수업에서 벌써 우리가 큰 소리로 읽을 정도로 흥분시킨 첫 답신의 편지들이 도착했다. 그래서 로고프는 우리 읍(소도시)에 에스페란토 학습을 준비했고, 그래서, - 놀랍게도 1,000명의 수강생이 초록별이 그려진 유리창으로, 우루과이에서 온 그림엽서들에, 일상과 매일의 진흙탕서 벗어나 밝은 초록의 지평선으로 이끄는 그 호소자(Alvokisto)의 매력적인 목소리를 향해 몰려왔다.

그래서 그분은 여러 마을 중 한 곳에서 에스페란토를 아주 잘 할 줄 아는 늙은 콜호즈(집단농장) 사람을 찾아냈는데, 이름이 바실리이 니키토비치 가시치(Vasilij Nikitoviĉ Gasiĉ)였다. 그는 1916년, 독일군에 포로로 잡혀 있었을 때, 에스페란토에 입문했다. 나는 그 콜호즈 사람이 말해 주는 에스페란토 이야기를 진지하게 들으면서, 우리 수강생들은 놀라워 입을 벌렸던 것이 생각난다.

Pasis tridek jaroj, — li komencis gvidi Esperanto-lecionojn en sia vilaĝo, kaj, samtempe, en mia naskiĝurbo apuda. Mi venis al liaj lecionoj en la tempo de ties disfloro.

Ahh, kiaj ili estis, la Esperanto-lecionoj de Rogov! Romantikaj, ridindaj, edukaj, amuzaj... Abundis tie diversaj ravaj historioj, pulsis tie nekutime admirinda vivo! En la dua leciono ni jam skribis niajn unuajn korespondproponojn eksterlanden. Helpis "olduletoj", geknaboj, lernantaj la lingvon jam duan aŭ trian jaron. Al la kvina leciono venis unuaj respondoj, kiujn ni ekscite voĉlegis. Jen, Rogov decidis aranĝi la lecionon por tuta urbeto, kaj — gapis mire milpersona aŭskultantaro al la montrofenestroj kun verdaj steloj, al urugvajaj bildkartoj, al sorĉa voĉo de la Alvokisto, tiranta for el la rutino kaj ŝlimo ĉiutaga al hela verda horizonto.

Jen li eltrovis en unu el vilaĝoj simplan kolĥozanon maljunan, bonege parolantan Esperante. Lia nomo estis Vasilij Nikitoviĉ Gasiĉ. Esperanton li ekposedis en 1916, estinte militkaptita de germanoj. Mi rememoras niajn malfermitajn buŝojn dum aŭskultado de la historioj, kiujn rakontis tiu kolĥozano.

포로수용소에서 에스페란토 강습을 조직한 전쟁포로이자 프랑스인에 대하여, 에스페란티스토들의 우정어린 상호 도움과, 그 도움 덕분에 피신할 수 있음에 대하여. 우리가 바실리이 니키토비치의 어깨 위에서 보았던 당시의 여러 발자취에 대하여 우리는 들었다…

발트에스페란토야영행사(Balta Esperanto-Tendaro: BET)의 주최 측은 행사 설립 초기부터 여러번 안드레오 로고프를 그 행사의 손님이 아니라, 일 잘하는 도우미이자 공동 진행자로 초대했다. 제4차 BET 행사에 그는 이제 혼자 참석하지 않았다. 그가 지도한 학생들이 단체로 기쁜 마음으로 라트비아로 동행할 수 있었고, 에스페란토로 쓴 시를 낭송하고 노래하고 말할 준비가 다 되어 있었다. 나도 그 일행의 일원으로 참가했다. 하지만 기대하지 않던 일이 벌어졌다. 그 라트비아행 야간열차에서 나는 정말 몸의 느낌이 이상했다. 배가 슬슬 아프기 시작하고, 머리도 심하게 어지러웠다… 아침에 키에프 역에서 우리 인솔 선생님은 나에게 말했다. "에스페란토로만 말하기 잊지 말아요!" 내가 아픈 것을 알고서, 선생님이 간호사 2명과 함께 와서, 나를 어느 역사에 근무하는 의사 선생님께 데려갔다. 그분과 우리가 나눈 대화는 그렇게 지나갔다.
 -저기, 학생, 자네에게 무슨 일이 있나요? -그 의사 선생님이 러시아어로 물었다.
-말해 보게, 네가 느낀 것을?
로고프 선생님이 내게 에스페란토로 물었다.

Pri militkaptito-franco, kiu organizis E-kurson en koncentrejo. Pri amika interhelpo de esperantistoj kaj pri fuĝo dank' al tiu helpo. Ankaŭ pri la teruraj kugloj dum-dum, kies spurojn ni vidis sur la brako de Vasilij Nikitoviĉ...

La unuaj Baltaj Esperanto-Tendaroj (BET) tuj akceptis Andreon Rogov ne kiel gaston, sed kiel laboreman helpanton kaj kunorganizanton. Al la kvara BET li jam veturis ne sola. Grupo da lernejanoj, edukitaj de li, akompanis ĝoje lin al Latvio, pretaj deklami, kanti, paroli Esperante. Ankaŭ mi estis en la grupo. Sed okazis neatenditaĵo: nokte en trajno mi subite eksentis min tre aĉe. Io doloris en la ventro, la kapo turniĝis... Matene ĉe la Kieva stacidomo la Instruisto diris al mi: "Parolu nur en Esperanto!", kaj du flegistoj vokitaj de li, portis min al la stacia medicinisto. Interparolo nia kun li pasis jen kiel.
- Nu, kio okazis al vi, knabo? — Demandis ruslingve la medicinisto.

- Diru, kion vi sentas? — Esperante Rogov.

-배가 아파요... 나는 에스페란토로 대답했다.

-저기, 아니면 여-기? 그 의사 선생님은 여기저기 만지면서 물어보았다.

-오른쪽에...여기가... 나는 에스페란토로 대답했다.

-긴급 수술이 필요합니다! 러시아어로 그 의사 선생님이 말씀하셨다.

- 이 소년은 더는 여행할 수 없습니다. 이 소년은 누굽니까?

-저희는 국제 행사에 가는 참가단입니다. 우리 선생님이 말했다.

-우리는 긴급히 여행해야 합니다. 하지만 무슨 불편한 일이....

-오호! 참가단이라고요, 정말인가요! 물음이 아니라, 확신하듯이 그 의사 선생님이 자신의 전화통을 깨부술 듯이 큰 소리로 반응했다.

-어서 자동차를 보내요. 응급 환자입니다! 그리고 이 환자에겐 내가 주사를 놓았어요.

...그리고 내가 수술을 받고 의식을 되찾았을 때, 나는 어느 중년의 간호사가 무슨 제스처를 취하면서 나에게 뭔가를 제안하고 있었다.

-원하시는 게 뭔가요, 할머니? -내가 러시아어로 더듬거리며 말했다.

-아하! -그녀는 감탄하고는, 잠시 뒤에 오실 당직 의사 선생님을 모시러 뛰어갔다.

-우리 학생이 러시아어로 말할 줄 아는구나? -당직 의사 선생님이 놀라며 물었다.

- La ventro doloras... Esperante mi.
- Tie, ĉu tie-ĉi? Komencis palpi la medicinisto.
- Dekstre... Jen... Esperante respondis mi.
- Bezonatas urĝa operacio! Ruslingve diris la medicinisto.
- La knabo ne plu povas veturi. Kiu vi estas?
- Ni estas delegitaro al la internacia renkontiĝo, respondis la Instruisto,
- ni devas urĝe veturi, sed jen kia malagrablaĵo...
- Ha! Delegitaro, ĉu vere! ne demande, sed konfirme reehhis la medicinisio, ŝirante telefontubon.
- Tuj sendu la aŭton, estas grava malsanulo! Kaj li injekciis min..
..Kiam mi rekonsciiĝis en lito post la operacio, mi atentis, ke iu maljuna flegistino per gestoj proponas ion al mi.
- Kion vi volas, avinjo? Balbutis mi ruslingve.
- Ohh! Eksklamaciis ŝi kaj forkuris por post momento kure reveni kun deĵoranta kuracisto.
- Ĉu vi parolas ruse? Mire demandis la lasta.

-예! 고열이 난 채로 나는 대답했다. -우크라이나어로도 할 줄 ...

-잘 되었구나! 의사 선생님이 말씀하셨다.

-그래, 우리는 네게 뭔가 설명할 방도가 없었거든. 그래 러시아어를 아주 잘 하는구나! 그래 러시아어는 어디서 다 배웠어요?

-집에서요... 저는 언제나 이 언어로 말해 왔어요. 내가 그렇게 말하자, 그 두 사람은 다시 한번 놀라워했다.

내가 외국 아동 대표단원이기에 가장 좋은 수술실로 가게 되어, 우크라이나 최고의 소아외과 의사 선생님이 긴급 수술을 집도했음이 분명했다. 그렇게 에스페란토와 또 나의 에스페란토 선생님 안드레오 로고프가 나의 생명을 구했다.

하지만 그분은 당신 자신의 생명을, 아쉽게도, 구할 수는 없었다. 10년이 조금 더 지난 뒤, 그분은 경험 없는 외과 의사의 실수로 별세하셨다.

그분은 공산주의자였고, 적을 향한 가장 위험한 탐색 공격을 앞둔 1943년 스탈린그라드 부근에서 당원이 되었다. 많은 사람이 그렇게 행동했다. 의심 없이 그분은 베리야(Berija)의 몰락을 받아들이고, 흐루쇼프 (Hruŝĉov*)가 제시한 스탈린(Stalin*)의 절반의 진실을 받아들였다. 왜냐하면, 그 스스로 그 점을 느꼈다. 그러나 흐루쇼프의 긴장 완화 정책은 1964년 말에 가서야 시행되었다. 그 뒤, 내가 보기엔, 안드레오 로고프 선생님은 브레즈네프(Breĵnev*)의 취임과 함께 벌어진 변화를 곧장 이해하지는 못하셨다.

- Jes! Feblavoĉe respondis mi.
- Ankaŭ ukraine...
- Brave! Diris la kuracisto.
- Do ni ne havos klopodojn por ion klarigi al vi. Jen kiel bone vi parolas ruse! Kie vi ellernis ĝin?

- Hejme... Mi ĉiam ĝin parolas. Diris mi, kaj ili ambaŭ denove miregis.

Evidentiĝis, ke mi, kiel ano de eksterlanda infana delegitaro estis venigita en la plej bonan kuracejon kaj operaciis min urĝe la plej brila infana kirurgo de Ukrainio. Tiel Esperanto kaj mia Instruisto, Andreo Rogov savis mian vivon. La propran, domaĝe, li ne sukcesis savi post iom pli ol dek jaroj li pereis pro eraro de nesperta kirurgo...

Li estis komunisto, partianiĝis apud Stalingrado, en 1943, antaŭ la plej danĝera esplormarŝo al malamikoj. Multaj tiel agis. Sendube li akceptis falon de Berija kaj la duonveron pri Stalin*, prezentitan de Hruŝĉov*. Ĉar li mem sentis tion. Sed la Hhruŝĉova malstreĉiĝo venis al fino en 1964. Kaj ŝajnis al mi, ke Andreo Rogov ne tuj komprenis la ŝanĝon, okazintan kun veno de Brejnev*.

그분은 똑같은 열정으로 에스페란토 강습을 지도했지만, 곧 사방에서 회람문서들이 도착했다. 그 내용은 수많은 학부모(형)들이 자신의 자녀들에게 에스페란토반에 출석을 허락하지 않는다는 것이었다. 똑같은 열정으로 그분은 국제어 반대자들에 대항하여 싸웠으나, 이는 그 정책에 맞서는 것을 두려워한 공무원들의 반대만 많이 불러일으켰다. 그럼에도 그분은 끝까지 정직하게 남아 계셨다.

어른들의 무리와는 달리, 그분은 소련에스페란토청년운동(SEJM)의 출범에 찬동하고, 진심으로 반겼으며, -이를 에스페란토 발전에 필수적인 일로 받아들였다. 그러자, 수많은 에스페란티스토, 그분의 오랜 친구들은 그분을 비웃기도 했다. 하지만 수많은 제자가, 나뿐만 아니라, 여럿이 SEJM의 활동가가 되고, 그분이 해 왔던 일을 이어갔다. 외국 잡지에서도 나는 때로 그 당시 그분과 그분의 당시 학습자들을 칭찬하는 자료들을 찾아볼 수 있었다. SEJM에서의 그분 업적을 우리는 다음의 여러 전설에서 여전히 다루게 될 것이다. 내게 있어 가장 큰 미스테리는 안드레오 로고프, 그분의 주요 저술 작품이 없어진 것이다. 그분은 수많은 시를 능숙하게 번역해 이를 가지고 있었다. 분명히 그분은 많은 작품을 번역했다. -고리키(Gorjkij*)의 시 "여성 청년과 죽음", 블록(Blok*)의 시 "나이팅게일 새의 정원", 또 러시아어로 최근 넓은 독자층을 가진 바르코프(Barkov)의 부적절한 시 작품들도. 그러나 그분이 가장 좋아하고, 숭상한 것은 우크라이나 시문학 작품이었다.

Samfervore li gvidis la kursojn, sed rapidis jam al ĉiuj lokoj certaj cirkuleraj dokumentoj, kaj multaj gepatroj jam ne permesis al siaj gefiloj vizitadi Esperanto-kurson. Samarde li batalis kontraŭ oponantoj de la lingvo internacia, sed tio kaŭzis nur multan malaprobon de oficialuloj timigataj. Tamen li restis honesta ĝis la fino. Diference de la aĝula amaso li akceptis aperon de SEJM aprobe, tutanime, — kiel la eventon nepre bezonatan por la progreso de Esperanto. Do, ankaŭ esperantistoj, liaj delongaj amikoj, mokis lin. Tamen multaj liaj lernintoj, ne sola mi, iĝis aktivuloj en SEJM, daŭrigis lian aferon, kaj eĉ en eksterlandaj revuoj mi foje trovas laŭdajn rememorojn pri li de iamaj liaj kursanoj. Lian laboron en SEJM ni ankoraŭ tuŝos en vicaj legendoj.

La plej granda mistero por mi estis malapero de lia ĉefverko. Andreo Rogov, sperta tradukisto de poeziaĵoj, havis tiun. Certe, li multon tradukis, — "Junulinon kaj morton" de Gorjkij*, "Najtingalan ĝardenon" de Blok*, eĉ la maldecaĵojn de Barkov, kiujn en la rusa lingvo oni nur ĵus prezentis al vasta publiko. Sed la plej ŝatata, eĉ adorata estis por li la poezio ukraina.

그분이 에스페란토로 옮긴 작품들도 많았다. 레자 우크라이나(Lesja Ukrainka)의 산문과 시, 스테판 루단스키(Stepan Rudanskij)의 유쾌한 시, 또, 다른, 노래들 - 우울하고, 매력적인 우크라이나 노래들- 을 에스페란토로 옮겼다. 그분은 "시문의 노트"에 뭔가를 타자기로 기록해 두었다. 그리고는 시를 좋아하는 지인들에게 10장씩 복사해 보냈다. 라트비아의 "Amikeco" 잡지에 실리기도 했다. 나중에 그분은 다른 훌륭한 우크라이나 번역자들의 우크라이나 시 번역본을 모으고, 현대 우크라이나 시인들의 작품들을 에스페란토로 번역하도록 재능있는 사람들을 격려하기도 하셨다.

그렇게 해서 나중에 나올 "우크라이나 문선(Ukrajna antologio"을 위해 애를 많이 쓰셨다. 베린(B. Berin*), 콜케르(D. Kolker*), 파츄르코(V. Paĉjurko*) 등 수많은 탁월한 번역가가 이 책 발간을 위해 함께 참가했다.

거의 15년간 로고프 선생님은 그 "문선"을 위해 400편(내가 아는 한) 이상의 시를 모으셨다. 곧 삶을 마감할 것을 예상치 못한 채, 그분은 이 모든 것을 리비우(Lviv)2)시에 유산으로 남겼을까? 오늘날과 같은 우호적인 조건이라면, 세계 에스페란토-도서관을 만들고 풍부하게 만들었을 수도 있는, 이미 잘 편집된, 거의 인쇄를 앞둔 그 자료의 자취는 사라져 버렸다.

만일 모든 개인이, 선명하게 매력적이거나, 마음씨 곱거나 분개하거나, 역겹고 악의적이라 하더라도, 소개될 수 있기라도 했으면 정말 아주 좋았을 것인데.

---

2) *역주: 우크라이나 서부 도시.

Multon li tradukis mem: versaĵojn kaj poemojn de Lesja Ukrainka, gajajn poeziaĵojn de Stepan Rudanskij, kaj, certe, kantojn — melodiajn, ĉarmajn ukrainajn kantojn. Ion li tajpis en la "Poeziaj kajeroj", dissendataj 10-ekzemplere al kelkaj poezimuloj. Ion aperigis latva "Amikeco". Poste li komencis kolekti tradukojn el ukraina poezio de aliaj bonegaj tradukistoj, li eĉ instigis talentulojn traduki la verkojn de modernaj ukrainiaj poetoj. Tiel startis laborado pena por la "Ukraina antologio". Ĝin partoprenis vere elstaraj tradukistoj, kiel B. Berin*, D, Kolker*, V. Paĉjurko* kaj multaj aliaj.Dum preskaŭ dekkvin jaroj Rogov kolektis pli ol kvarcent (laŭ miaj scioj) poeziajn tradukojn por la "Antologio". Ĉu ne antaŭsentante baldaŭan finon li heredigis kaj transsendis ĉion ĉi al Lviv? Tie perdiĝas la spuro de jam bone redaktita, preskaŭ prespreta trezoro, kiu en nunaj favoraj kondiĉoj povus reale aperi kaj riĉigi mondan Esperanto-bibliotekon...

Estus ja tute bone, se ĉiu persono aperu ĉu kristale ĉarma kaj bonkora, aŭ klare indigniga, naŭza, malica.

그때 우리는 이렇게 말했으리라: 이제 -이분은 좋은 사람, 하지만, 그는 나쁜… 오 안타깝게도! 모든 사람은 좋은 성품을 갖고 있고, 마찬가지로 죄도, 부족함도 갖고 있다. 사회 평가는 어느 때에는 올라가고, 어느 때에는 내려간다. -그건 상황에 따라서. 나는 그렇게 행동할 능력이 없다. 나의 지인들과 친구들에게 수많은 것을 용서할 수 있다. 욕심을, 예를 들어. 자기 사랑을, 자만심을, 두려움을, 부정확함을, 아마도, 거의 모든 것을 용서할 수 있다, 그러나 -배신만은 제외하고. 그렇게 그 선생님, 호소하는 자(Alvokisto)는 그런 방식으로 교육하셨다. 그러나 그것은 이미 뭔가 다른 전설의 시작이다.

　우리를 늙게 하는 것은 세월이 아니라
　불쾌한 생각일 뿐이네.
　쌉쌀한 나날에도
　해마다 오월은 온다네!
　우리는 기다리며 살고
　노래와 기타로
　온 세계 친구들의
　우호적인 지지로 사네.
　우리 존재가 바로 -우리 축복
　새날은 바로 새 밝음
　겸손한 초록별 아래서.

Ni dirus tiam: jen — bona homo, sed jen tiu — fia... Ho ve! Ĉiu havas bonajn trajtojn, samkiel ankaŭ pekojn kaj mankojn; ondoj de socia opinio levas, do, jen tion, jen alion — depende de la situacio. Mi ne kapablas tiel agi. Al miaj konatuloj kaj amikoj multon mi povas pardoni. Avidon, ekzemple. Ankaŭ memamon, trofieron, timon, neakuratecon, eble. Preskaŭ ĉion, do, — krom perfido. Tiel edukis min la Alvokisto. Sed tio estas jam komenco de iu alia legendo.

Nin oldigas ne jaroj,
Nur la pensoj malgajaj.
Inter tagoj amaraj
Tamen venas la majoj!
Kaj ni vivas atende
Kun kantad' kaj gitaro,
Kun amika subten' de
La tutmonda gastaro.
Nia esto — nia festo,
Nova tago — nova hel'
Sub modesta verda stel'.

Dum somer' diafana
Forveturas ni el la

맑은 여름날에
우리는 아프고 귀한
조국을 떠나
우리 동화의 도시를 떠나
낯선 휴가로
분명히 놀람이지만, 그것이면 그리 심한 놀람은 아니지.
그리고 하나님과 함께 돌아오네
베드로의 반석으로.

우리 존재가 - 우리 축제,
새날은 - 새 밝음
겸손한 초록별 아래서.

Kara lando malsana,
Nia urbo fabela,
Kaj al fremda ferio
Certe miras, sed ne tro,
Kaj revenas kun Dio
Al la ŝtonoj de Petro.

Nia esto — nia festo,
Nova tago — nova hel'
Sub modesta verda stel'.

03. 아버지들과 아들들

　구름이 짙어졌다. 불사조처럼 다시 살아난 에스페란토 계에 1965년 분리주의가 팽배했다. 조금도 위험하지 않고, 온전히 정상적이고 진전되기조차 한 분리주의, 우리 운동의 상당한 성공을 입증한 분리주의. **모스크바 세계 청년학생축전**(1957년) 행사로 에스페란토에 조금 시끄러운 우호적 분위기가 있었다. 그 뒤, 여기저기서 깨어난 베테랑들이 전국적으로 충분히 많은 에스페란토 강습을 통해 일단의 분리주의 경향의 강습생들을 교육했다. 그렇게 말고는 달리 있을 수 없었을 것이다.

　오늘날 "아버지" 나이에 온 나는, 얼마나 빨리 내 동년배의 수많은 에스페란티스토가 자신들이 젊었을 때 어떠했는지를 얼마나 빨리 잊었는지를 아주 놀랍게도 보고 있다. 편안한 살롱에서 긴 시간의 현명한 회의들을 우리가 지금 좋아함은 자연스럽다. 우리가 때로는 뭔가 책에서 배운 학문을 바탕으로, 때로는 축적된 삶의 경험을 바탕으로, 체계를 갖춘 기관을 가지고 있음은 자연스럽다.

　우리가 벌써 좀 다른 방식으로 "Jupi-ja(유피-야)"라는 노래와 이와 관련된 행동을 평가할 수 있음은 자연스럽다... 이 모든 것을 우리 후배, 우리 "자식들"에게 강요함은 큰 어리석음이다. 출발! 한 세기가 바뀌어 다음 세기로 달려가도, 멍청함은 고전 도서에 자세히 분석되어 있으니, 우리 중 수많은 - 수많은 사람이 이를 되풀이한다. 그렇게 세대 간 갈등, '아버지들"과 "아들들"간의 갈등은 일어난다.

03. Patroj kaj filoj

Nuboj densiĝis. Al la jaro 1965 en la renaskiĝinta fenikse Esperanto-medio maturiĝis skismo. La skismo neniom danĝera, tute normala kaj eĉ progresa, atestanta konsiderindan sukceson de nia movado. En jam sufiĉe multaj kursoj tra la tuta lando veteranoj, vekiĝintaj post ioma poresperanta bruo dum la Moskva Junulara Festivalo (1957), entuziasme edukis aron da skismuloj. Aliel ne povus esti. Nuntempe veninta al la aĝo "patra" mi kun mirego rigardas, kiom rapide multaj miaj samaĝuloj forgesis, kiaj ili estis en la junaĝo. Estas nature, ke ni nun ŝatas longajn saĝajn kunsidojn en oportunaj salonoj. Estas nature, ke ni havas iun sistemon da aŭtoritatoj, bazantan sin foje sur la prudento ellibra, foje — sur la akumuliĝinta vivosperto. Estas nature, ke ni jam iom aliel aprezas la kanton "Jupi-ja" kaj la agojn, kun ĝi ligitajn... Estas granda stultaĵo trudi ĉion ĉi al niaj posteuloj, niaj "gefiloj". EK! Kuras jarcentoj, la stultaĵo estas detale analizita en libraro klasika, tamen multaj-multaj el ni ripetas ĝin. Tiel okazas konfliktoj inter generacioj, inter "patroj" kaj "filoj".

1965년 여름, 나는 학생으로, (라트비아) 사울라이네 (Saŭlajne)에서 개최되는 **발트 에스페란토-야영 행사**에, 제7차이지만 나는 이번이 두 번째 참석이었는데, 담임 선생님과 함께 갔다. 나는 그 "청년학생" 야영 행사의 참가단 구성을 잘 기억하고 있다. 그중 3분의 2가 머리카락이 희끗한 베테랑이지 않은가?! 그분들 중 유능하고 좋은 사람들을 만났다. 테오도로 삼촌은 나에게 농어와 잉어 잡는 법을 가르쳐 주셨고, 안타나스 삼촌은 여성 청년을 '낚아채는' 몇 가지 비법을 알려 주었고, 렘베 숙모는 나에게 맛있는 과자를 만들어 주었다... 그러나 나는 끝없는 회의와, "대학"과 "자유 연단"과 같은 행사들이 진행될 때는 아주 지루했다. 나는 그곳에서 빠져나와, 그 지역 청년들과 축구를 하거나, 행사장 주변을 탐색하러 피해 있거나, 유일한(?) 같은 나이 또래의 여자 에스페란티스토와 이리저리 돌아다니며, 이야기를 해 가며 시간을 보냈다. 한번은 그 "자유 연단" 중 한 세션이 열릴 때 나도 연단에 올랐다. 그 자리에서 유쾌하고 재치 있는 클루보(Klubo Gaja kaj Sprita: KGS)를 조직하고, 유쾌한 콩쿠르를 만들기를 제안했다. 그러나 그때 청중은 내 의견을 지지하지 않았다. 왜냐하면, 내 의견엔, 내가 말하고자 하는 의도를 잘 모르는 것 같았다. 그래서 나는 아침마다 "리에루페(Lielupe)"(큰 강)라는 웅장한 이름을 가진 조용한 시냇물에서 농어 잡는 일과, 그 동년배 여자아이와 함께 경험 없는 사랑놀이를 계속했다. 때로는, 나는 "나쁜 사람 모제르츠(Mozerts*)"에 대한 연설을 듣기도 했다.

Somere de 1965 mi, lernejano, venis kun mia Instruisto al Balta Esperanto-Tendaro en Saŭlajne (Latvio), la sepa laŭvice, kaj nur la dua por mi. Mi bone memoras konsiston de la partoprenantaro en tiuj "junularaj kaj studentaj" tendaroj. Ĉu ne du trionoj estis veteranoj grizharaj?! Bonaj homoj, interalie. Onklo Teodoro instruis min sukcese kapti perkojn kaj plotojn, onklo Antanas malkaŝis kelkajn sekretojn pri "kaptado" de junulinoj, onklino Lembe regalis per bongustaj kukoj...Sed mi enuegis en la senfinaj kunsidoj, "universitatoj" kaj "liberaj tribunoj". Mi fuĝadis de tie por pilkludi kun lokaj buboj aŭ por esplori la ĉirkaŭaĵojn, vagante kaj babilante kun unusola (!) samaĝa esperantistino. Foje dum unu el "liberaj tribunoj" ankaŭ mi elpaŝis. Mi proponis organizi Klubon de Gajaj kaj Spritaj (KGS), aranĝi gajajn konkursojn. La homoj ne subtenis, ĉar, miaopinie, ne komprenis, pri kio temas. Do, mi daŭrigis ĉiumatenan ekstermadon de perkoj en la kvieta rojo kun pompa nomo "Lielupe" (Granda rivero), kaj nespertan amindumadon kun la samaĝulino.Kelkfoje mi aŭdis parolojn pri la "aĉulo Mozerts*".

에르빈스 모제르츠(Ervins Mozerts) 라는 이름을 가진 라트비아 사람을 나는 처음 참가해 본 발트 지역 에스페란토 야영-행사(BET)때 알게 되었다.

그는 동정적이고 유쾌한 젊은이였고, 나보다 나이가 몇 살 많았다. 그래서 나는 나의 담임 선생님께, 왜 사람들이 모제르츠를 나쁜 사람이라고 하는지 물었다. "아, 사람들이 멍청한 이야기를 했구나!" 담임 선생님은 대답했다.

그런데 그 행사 종료 이틀 전에 나로서는 기쁜 이벤트가 열렸다. 내가 속한 텐트로 몇 명의 청소년이 몰려왔다. 그들은 숲속에서 잘라 온 목재의 유혹적인 연기 냄새, 길고도 마음을 찢는 노래들, 아주 유쾌한 놀이와 춤을 가지고 왔다. 그 잊지 못할 이틀 동안 그들을 향한 내 눈길은 아주 호감이 가지만, 동시에 놀랍고 안타까웠다. 왜냐하면, 내 여자친구의 어머니는 우리가 그 여자친구에게 다가서는 것을 허락하지 않았다. 그렇게 해서 그 프로그램 "모제르츠 나라"는 처음의 청년 합숙이자, 잊을 수 없는, SEJT 주관의 초창기 행사로 자리 잡았다.

1965년 말, 1966년 전부, 1967년 초에는 나는 나의 고향에서 벗어나지 않았다. 나는 고등학교를 졸업하고 대학생이 되었다. 그래서, 수많은 시간이, 아까운 일들이 나를 붙들었다. 그러나 같은 시기에 에스페란토 단체들에서는 '아버지들 "과 ""아들들"에 전쟁의 불꽃이 튀었다.

La latvon kun la nomo Ervins Mozerts mi konis ekde mia unua BET — li estis simpatia kaj gaja junulo, kelkajn jarojn pli aĝa ol mi. Do, mi demandis la Instruiston, kial oni diras, ke Mozerts estas aĉulo? "A, stultaĵojn oni diras!" — respondis la Instruisto.

Sed subite en la antaŭlasta tendara tago okazis la evento, ĝojiga por mi. En mian tendaron venis areto da gejunuloj. Ili alportis tentan fumodoron de arbara lignofajro, logajn, animŝirantajn kantojn, gajegajn ludojn kaj dancojn. Dum du neforgeseblaj tagoj mi admiris ilin gape, kaj samtempe mire kaj bedaŭre, ĉar al la kunulino mia malpermesis ŝia patrino aliĝi al ni. Tiel anonciĝis "Mozertujo", la unua junulara tendareto, praŭlo de la neforgeseblaj SEJT-oj.Dum fino de 1965, tuta 1966 kaj komenco de 1967 mi nenien elveturadis el mia naskiĝurbo. Mi finis la mezlernejon, studentiĝis, — do, havis multajn gravajn okupojn tempovorajn. Sed en esperantistaj rondoj en la sama tempo flamis batalfajro inter "patroj" kaj "filoj".

발트의 <Amikeco>(우정)이라는 잡지는 그 "분리주의자들"을 비난하며, 오로지 춤과 즐거움을 탐닉하는 청년들을 진지한 업무를 추진하는 사람들과 갈라놓는 "그 맹한 일련의 훌리건" 기사를 연이어 게재했다. 방금 간행된 <Juna esperantisto>와 안드레오 로고프 선생님의 현명한 행동 덕분에, 우리 담임 선생님과 우리 클루보는 청년들이 제 나름의 문제 의식을 갖고, 그것들을 독립적으로 해결하길 원한다는 주장을 펴자, 우리도 비난을 받았다. 독립된 청년운동의 탄생, 다시 말해 **SEJM**(Sovieta Esperantista Junulara Movado: 소련에스페란티스토청년운동)의 출범은 논박할 여지가 없는 사실이 되었다. 그때 나도 <Juna esperantisto> 잡지에 공포의 화해하는 기사를 썼는데, 현명한 "아버지들"이라면 자신의 "자녀들"을 이해해야 한다고 했다. 비록 길은 달라도 우리 모두 공통의 목표를 향해 간다고 했다. 유치한 기사였지만, 합당했다.

누가 SEJM을 창립했는가? 왜냐하면, 그 고상한 행동에 대해 사람들이 한편으로 개인적 기념품이나 심지어 상장을 주는 것을 허락하지 않기에, 나는 조용히 그 창립자들은 다양한 도시에 사는 일단의 청년이라고 말해두자. 객관적으로는 필요의 단계가 왔기에, 그래서 그들은 동감 속에서 루도비코 자멘호프(Ludoviko Zamenhof)가 한때 그렇게 하셨듯이, 똑같이 시작했다. 즉, 청년 에스페란티스토-활동가들의 **주소록**을 발간했다.

이번에 루도비코 역할을 한 이는 바르나울(Barnaǔl)시의 아나톨로 곤차로프(Anatolo Gonĉarov*)였다.

Balta "Amikeco" aperigadis artikolojn, mokantajn la "skismulojn", la "fian areton da huliganoj" kiuj ŝiras junularon for de serioza laboro, al nuraj dancoj kaj amuzoj. Ĵus aperinta "Juna esperantisto", kiun, dank' al saĝa konduto de Andreo Rogov, la Instruisto, nia klubo ankaŭ ricevadis, refutis, ke junularo havas proprajn problemojn kaj deziras solvi ilin memstare. Apero de memstara junulara movado, nomata SEJM (Sovetia Esperantista) iĝis fakto senrefuta. Tiam ankaŭ mi skribis por "Juna esperantisto" terure pacigan artikolon, ke saĝaj "patroj" devas kompreni siajn "filojn", ĉar, kvankam per malsamaj vojoj, ni ĉiuj iras al komuna celo. Infaneca artikolo ĝi estis, sed prudenta.

Kiu fondis SEJM-on? Ĉar pro tiu nobla ago oni dume ne promesas personan monumenton, eĉ ne premion, mi trankvile diru, ke la fondintoj estis grupo da junuloj el diversaj urboj. Objektiva neceso venis, do ili en interkonsento komencis same, kiel iam tion faris Ludoviko Zamenhof, — aperigis adresaron de junaj esperantistoj-aktivuloj. La rolon de Ludoviko ĉi-foje ludis Anatolo Gonĉarov* el urbo Barnaŭl.

왜냐하면, 그는 1966년 이미 장래의 조직체의 확고한 핵심으로 있었기 때문이다. 수많은 분별심이 있는 클루보들이 그 주도자를 지지했고, 내 고향 클루보도 지지했다. 그래서 "분리주의" 시대의 가장 긴장시킨 사건들은 나에게서 좀 먼 곳 -빌뉴스(Vilnius)에서 일어났다.

SEJM에 대한 신선한 아이디어를 지역(도시)의 나이 많은 사람들은 소화할 수 없기에, 청년들은 그 지역(도시)의 클루보에서 빠져나와, 자신들의 구성원에 꼭 맞는 "Juneco(청춘)"이라는 이름의 단체를 설립했다. 이름하여 "Juneco(청춘)"은 1967년 병행하여 발트 에스페란티스토 야영행사(BET) 준비를 시작했다. 결론적으로 얼마나 많은 소동이 있었던가? -상상은 스스로 해보세요! 그럼에도 나의 담임 선생님은 내게 말했다; "이번 여름에 다양한 행사에 참가하러 여행하려는데, 어떻게 할래?" 정말 그분은 나이가 많으셔도 이해심도 많았다...

...인근 읍을 통과한 기차가 어느 이름 없는 숲의 정거장에 멈추자, 기차에서 100명의 청년 학생들이 배낭과 가방을 들고 내렸다. 모두가 기대하며 떠들썩하였으나, 어디로 가야 할지 모르고 있었다. 그런데 숲에서 누군가 나왔다... 흑인 한 사람이 나타나, 묵직한 목소리로 말했다: "여러분! 저를 따라오세요!" 놀랍게도, 그럼에도, 모두가 그의 말을 듣고 따라갔다. 한 시간쯤 걸어가니, 정말 아름다운 호수가 보였고, 그곳에서 **BET-9** 행사 주최자인 뷔타우타스 쉴라스(Vitaŭtas Ŝilas*)가 모두를 향해 인사했다.

Sukcese ludis, ĉar jam en 1966 ekzistis firma kerno de la estonta organizaĵo. Multaj prudentaj kluboj plenkonsiste subtenis la iniciaton, ankaŭ tiu en mia naskiĝurbo. Do, la plej streĉaj eventoj de la "skisma" periodo okazis iom for de mi — en Vilnius. La freŝan ideon pri SEJM ne sukcesis digesti lokaj aĝuloj, tial junularo foriris el la urba klubo kaj fondis propran kun la nomo "Juneco", kiu tute konformis al ties konsisto. Nome "Juneco" lanĉis preparon de paralela BET por 1967. Kiom da bruo okazis rezulte, — imagu mem! Tamen la Instruisto diris al mi: "Ĉi-somere ni veturos diversajn tendarojn, ĉu ne?" Vere komprenema li estis...

...El apudurba trajno elvagoniĝis ĉe sentitola arbara haltejo cento da gejunuloj kun tornistroj kaj valizoj. Ĉiuj bruetis atende, ne sciante la vojdirekton. Sed jen el arbaro aperis... nigrulo kaj diris profundvoĉe: "Homoj! Sekvu min!". Mire, tamen, ĉiuj obeis. Kaj post horo da marŝado estis venintaj al belega lagobordo, kie ĉiujn salutis la mastro de BET-9, Vitaŭtas Shilas*.

그 행사 이름 'BET'로 남아 있는 기간이 길지는 않았다. 왜냐하면, 행사 다음 날, 그 행사에 참석한 청년들은 자신의 행사 이름을 바꾸는 결정을 했기 때문이다. 그때부터 그들은 이름하여 SEJT(Sovietiaj Esperantistaj Junularaj Tendaroj(소련에스페란토청년 야영행사)에 소속 구성원이 되었다.

그리고, 그 흑인, 우리가 처음 만나 우리를 안내해준 이는 콩고 출신의 안토니오(Antonio)였는데, 빌뉴스 클루보 단체에서 빠져나와 우리의 SEJT로 피신한 3명의 외국인 중 1명이었다. 칼타네나이(Kaltanenaj) 읍의 숲에서 우리 행사 참가자 150명이 축제를 벌이는 동안에, 빌뉴스에서의 더 나이 많은 사람들로 구성된 BET 행사에는 약 300명이 모였다. 그렇게 그 "분리주의"가 일어났다; 청년들이 둘로 나눴다. 그럼에도 동시에 열린 두 행사는 아주 유용했다. 왜냐하면, 모두는 상대방에 대하여 각자의 길과, 자신과의 관계를 잘 설정했기 때문이다. 그리고 차분하게 모든 것을 고려하면서, 모두는 이해했다. 두 단체가 경쟁 관계가 아니라 협력 관계가 바람직하다고 이해했다(몇몇 열성적 머리를 가진 고집쟁이를 제외하고는). 그래서 얼마간의 시간이 지나자, 분리주의 문제는 자신의 실재성을 잃었다. 나의 "아버지 나이"의 정점에서부터 내가 보건대, 그 문제는, 당시 에스페란티스토들이 당면한 다른 문제들에 비해, 정말 그리 중요하지 않았다.

Nelonge tamen ĝi restis BET, ĉar trans unu tago decidis la junularo alinomi siajn tendarojn. Ekde tiam ili estas nomataj SEJT — Sovetiaj Esperantistaj Junularaj Tendaroj. Cetere, la nigrulo, nin renkontinta, estis Antonio el Kongo, unu el tri eksterlandanoj, fuĝintaj al nia SEJT el Vilnius. Dum nia centkvindekopo festenis en arbaro apud la urbeto Kaltanenaj, tie en Vilnius ĉirkaŭ 300 personojn kolektis la aĝula BET. La "skismo" okazis; junularo apartiĝis. Tamen ambaŭ okazintaj tendaroj estis tre utilaj. Ĉar ĉiu difinis sian vojon kaj sian rilaton al la rivalo. Kaj sobre ĉion pripensinte, ĉiuj komprenis (krom kelkaj ardkapuloj obstinantaj), ke ne rivalado, sed kunlaboro indas. Do, post iom da tempo la skismo-problemo perdis sian aktualecon. De-sur la pinto de mia "patraĝo" mi povas vidi, ke la problemo vere estis ne tre grava, kompare al la aliaj, kiujn tiutempe alfrontis esperantistoj. Mankis nur prudento al kelkaj uloj; se estus ĝi — la apartiĝo de nova generacio esperantista pasus pace kaj nature.

분별력 있는 사람들은 현명하게 이해하고 행동했다. 그래서 SEJM은 그 자체로 10주년을 맞아 SEJM이 선정한 명예 활동가들 10명 중에 80세 나이를 가진 세미욘 포드카민스치(Semjon Podkaminĉ) 교수도 포함되었다. 그분은 SEJM의, 전반적으로, 또 따로 에스페란토 운동에 평가할 수 없을 만큼 많은 기여가 있었다.

　　그리고 끝으로 -이제 진귀한 이야기 한 가지. 처음 분리된 청년 단체를 시작으로 거의 10년이 못 미치는 시기에 이르자, 이제 이미 "아버지뻘 되는 나이"가 되어 버린 SEJM -창립자들 중 누군가-가 우리 운동의 단체명(SEJM)에서 "J"를 빼는 것을 토론하자고 제안했다! 하나님 덕분에, 새로운 "아들들"은 그의 제안을 부정적으로 평가했다. 그리고 모두는 우리의 유명한 디나 루크야네치(Dina Lukjanec*)와 함께 다음의 노래를 합창했다.

"SEJM에서 SEM으로는 일어나지 않았으니,
그래, 그 일(J를 남기는 일)은 우리가 하자!"

　모든 나이 든 세대가 후배들에 관련해 자신의 아버지 때의 실수를 꼭 되풀이하는가?

얀 스미트, 얀 스미트 혼자 로데지오를 지배했네
대중의 염원을 거슬러 모두 준비했네. 허나 숲에는 이미 저항이 불꽃처럼 튀었네-
검은 대중은 자신의 존재를 위해 싸웠네.

La prudentaj komprenis kaj agis prudente, do inter deko da Honoraj Aktivuloj, elektitaj en SEJM okaze de ties dekjara jubileo, estis 80-jara Semjon Podkaminĉ, profesoro, doninta nesupertakseblan utilon al la Esperanto-movado ĝenerale kaj aparte al SEJM.

Kaj fine — jena kuriozaĵo. Pasis ekde la unua aparta junulara tendaro malpli ol dek jaroj, kaj iu el SEJM-fondintoj, atingintaj jam la "patraĝon", serioze proponis pridiskuti elizion de "J" en la titolo de nia movado! Dank' al dio, novaj "filoj" negative taksis tiun proponon. Kaj ekkantis ĉiuj kun nia fama Dina Lukjanec*:
"El SEJM-o SEM-o ne okazis,
Do la jogoj estu ni!".
Ĉu nepre ĉiu generacio maljuniĝanta ripetas la eraron de siaj patroj en rilato al la posteuloj?

Jan Smit, Jan Smit Sola regis Rodezion,
Kontraŭ vol' de popol' Faris kaj aranĝis ĉion.
Sed en la densej' Jam ekflamis la rezisto —
Luktas nigra popol' Por la rajto de l' ekzisto.

최고 대장은 그때 교묘한 계획을 말했네:
-임원단에 우리 지방 사람을 앉히자.
만일 검은 부리가 스스로 공화국을,
선포하면, 이미 그의 출현에 대중은 만족했네.

이제 대중을 위한 시위가 준비되었네-
시민이라면 모두 이 위대한 축제로 행진하세.
다정한 그 흑인은 대중을 향해 말하네:
-이제 실천하자! -우리 공통 염원을 향해!

-이제 약속하네: 곧 우린 엘리트가 되어
우리는 성장했기에! -양이 아니라 질로.
대표자는 발전을 위한 열정을 가졌네.
대표가 "예"라고 하면, 우리도 같이 답하네!

복종과 만족은 우리의 유일한 의무-라고
대통령도, 그대 아버지 무조레바도 말하네.
이 땅에 자유가 지금 당장 지배하리라!
-헤이, 검은 친구, 왜 함께 기뻐하지 않아?

짐바브웨, 짐바브웨-
흑인 대중은 기뻐하네, 아주 많이.

Kaj la plej alta ĉef' tiam naskis ruzan planon:
— Por prezida posten' tuj trovu ni lokanon.
Se la nigra muzel' mem proklamos respublikon,
Jam lia aper' kontentigos la publikon.

Jen por la popol' estas preta manifesto —
Ĉiu civitan' marŝu al la granda festo!
La nigrulo kun kares' sin direktas al popolo:
— Ni nun agos, jes! — Nur laŭ komuna volo!
— Jen mia promes': Baldaŭ fartos ni elite,
Ĉar ni kreskas, jes! — Ne kvante, nur kvalite,
La ĉef' al progres' jam ekhavis ardan amon,
Se li diros "Jes" — tuj ripetu vi la samon!

Obe' kaj kontent' estas via sola devo!—
Tion diras prezident', via patro Muzoreva.
La liber' en la land' tuj ekregos jam denune!
 - Hej, nigra liĝanf, kial vi ne ĝojas kune?!

Zimbabve, Zimbabve, —
Nigra popolo ĝojas tre.

04. 책임 비서

-당신들이 쓰는 에스페란토에 저항의 노래들이 있나요?
- 레닌그라드 유명신문 "스메나(Smena)" 기자가 인터뷰하면서 내게 질문을 했다.
-당연히, 그것도 많이요. -그렇게 나는 답하고는 그에게 위에 언급된 노래를 알려 주었다.

며칠 뒤 "에스페란토로 나를 위해 노래하자"라는 제목으로 기사가 그 신문의 30만 독자에게 "에스페란토를 사용하는 청년이 국제어를 사용해, 독립을 위해 싸우는, 저 먼 로디지아[3]의 영웅적 대중을 지지하는 노래를 썼다."고 제법 비중 있게 소개해 주었다. 에스페란티스토들은 그 기사를 읽고는 크게 웃었다....

이미 앞에서 우리는 "아버지들과 아들들"에서 언급한 것과는 다른 더 훨씬 중차대한 문제들에 당면했음을 말한 바 있다. 그리고 가장 중요하고 가장 복잡하고 골치아픈 것은 공공 기관과의 관계였다. 일상생활에서 우리는 모두 일반 노동자, 교사, 대학생, 엔지니어였으니... 마찬가지로 일반 소련 시민인 우리의 하루 일과는 이른 아침에 시작되어 일이 잘되든 못되든 간에 저녁에라야 마친다, 하지만 우리는 저녁에도 일했다!

---

3) *역주: 1970년부터의 공식 명칭은 로디지아 공화국(The Republic of Rhodesia). 이전의 영국령 남로디지아 식민지가 1965년 11월 11일에 일방적으로 독립을 선언하였을 때 채택하였던 이름. 로디지아라는 이름은 또한 1979년 "짐바브웨 로디지아"의 설립과 더불어 사용되었다. 1979년에서 1980년까지 남로디지아로서 식민지 상태로 잠깐 복귀한 뒤, 로디지아는 1980년 4월에 「짐바브웨」라는 이름의 독립 국가.

04. Respondeca sekretario

- Ĉu vi havas protesto-kantojn? — demandis min foje dum intervjuo ĵurnalisto el populara leningrada ĵurnalo "Smena".
- Certe mi havas, kaj eĉ multajn, — respondis mi, kaj prezentis al li la kanton supre cititan. Post kelkaj tagoj el la ampleksa artikolo "Kantu por mi en Esperanto" la tricentmila legantaro de la ĵurnalo informiĝis, ke "juna adepto de Esperanto uzas la internacian lingvon ankaŭ por subteni la heroan popolon de fora Rodezio, batalantan por la sendependeco". Esperantistoj, legante tion, ege ridis...

Jam diris mi, ke ni alfrontis multe pli gravajn problemojn ol tiu de "patroj kaj filoj". Kaj la plej grava, la plej komplika estis la problemego pri rilatoj kun oficialaj instancoj. Ja en kutima vivo ni ĉiuj estis laboristoj, instruistoj, studentoj, inĝenieroj... Samkiel normalaj sovetiaj civitanoj ni frumatene komencis nian labortagon kaj bone aŭ ne tre bone, tamen plenumis nian laboron ĝis vespero. Sed vespere!

저녁에는 일반 시민들은 시베리아의 어느 마을의 영웅적 삶을 다룬, 심금을 울리는 서사시의, 10여 편으로 구성된 연속극을 텔레비전으로 시청하거나 아니면 삼삼오오 모여 술 한 잔씩 한다. 아니면 이 두 가지를 동시에 하는 이들도 있다. 그리 아주 일반적이지도, 위험하지도 않은 취미를 가진 사람들도 있다 -여행자, 스포츠인, 수집자, 원예를 가꾸는 사람, 등등.

그런데 에스페란티스토들만 전혀 이해되지 않았으니, -그 때문에 위험했다. 에스페란티스토들도 여행하고 스포츠를 즐기고 노래하고 춤추고 또 술도 마신다. 그러나, 저녁에 그들은 "국제어"를 공부하고 사용하러 자신의 클루보에 나온다. 질투심으로 또 분개한 권력자들은 -마찬가지로 지역의 권력자들, 초고위 권력자들은- 에스페란티스토들의 그런 자극과 행동을 관찰하고 있었다. 그런 행동이 모든 시도나 모든 아이디어가 대중에게 가기에 앞서, "상부"의 동의를 받아야 하는 국가에서는 의심의 대상이 된다. 에스페란티스토는 나름대로 평화와 긴장 완화를 위해 싸우는 사람이다. 에스페란티스토들은 야영 행사, 청년을 위한 건설, 아동 그림 전시, 국제 우정의 날을 조직해 왔다. 에스페란티스토들이 권력자들의 신성한 소유물인 공식 정보에 대항하기도 하여 그들을 자극하는 형국이 되었다. 왜냐하면, 에스페란티스토들이 외국에서 소식을 얻는데, 그게 정부의 공식 소식과 자주 일치하지 않아서, 그런 외국 시정을 자주 전파해 왔기 때문이었다.

Vespere normalaj sovetiaj civitanoj spektis dek-ioman serion de vica kortuŝa televida epopeo pri heroa vivo de siberia vilaĝo. Aŭ drinkis brandon en amikaj triopoj. Au kunigis la ambaŭ plezuraĵojn. Estis ankaŭ ne tre normalaj, sed ne danĝeraj hobiemuloj —turistoj, artoŝatantoj, sportemuloj, kolektantoj, ĝardenŝatantoj, ktp.

Kaj nur esperantistoj estis tute nekompreneblaj kaj, — pro tio, — danĝeraj. Ankaŭ ili turistis kaj sportemis, kantis kaj dancis, eĉ drinketis. Sed vespere ili venis al siaj kluboj por studi kaj uzi iun "internacian lingvon". Ĵaluze kaj indigne spektis potenculoj, same lokaj kaj la plej altrangaj, al la iniciatoj kaj agoj de esperantistoj. Ili deziris uzi sian lingvon por bono de la ŝtato! En la ŝtato, kie ĉiu iniciato, ĉiu ideo, antaŭ ol veni al amaso, devis ricevi aprobon en "supro", suspektinda estis simila agemo. Esperantistoj memstare batalis por paco kaj malstreĉiĝo. Esperantistoj organizis tendarojn kaj konstrutaĉmentojn por junularo, ekspoziciojn de infandesegnaĵoj, tagojn de internacia amikeco. Ili atencis eĉ kontraŭ la sankta posedaĵo de potenculoj — la informado, ĉar ili ricevadis el eksterlando kaj ofte disvastigis informojn, kiuj ne koincidis kun la oficialaj.

에스페란티스토들은 외국 여행하기를 고대하고 외국 사람들과 통역없이 대화하고 싶어한다! -한 문장으로 말해서, -그들은 마찬가지로 평형적인 교육에도 힘쓰기를 좋아했다. -그게 콤소몰에 반대되지 않는가? 그렇게 권력자들은 의견을 피력했다. 그리고 -왜냐하면 청년 단체의 일부는 그래도 에스페란토 캠페인에 합류하기 때문이다. 권력자들은 뭔가 이를 막을 수단을 찾고 있었다. 그래서 **소련에스페란토의 국제 연맹 조정 위원회**(la Komisiono pri Koordino de Internaciaj Ligoj de Sovetiaj esperantistoj), 아니면 더 간단히 **SSOD*의 에스페란토-위원회**가 설치되었다.

그 에스페란토-위원회는, 정말, 독특한 창안 기구였다. 그곳에서 소위 말하는 "활동가들의 집회"를 열어 대표를 선출하고 또 선임한다. 그래서, 활동가들이 존재했다; 그 좁은 범위의 위원회 출석 인물들은, 에스페란티스토들이 뭔가 요청서를 받게 되면, 회의를 여는데, SSOD의 권력자들이 관련 사람들을 선발한다. 만일 그 요청서가 그리 무리한 내용이 담고 있지 않았다면 -그 요청서를 쓴 사람을 활동가로 여기고, 만일 그 요청서가 무리한 요구나 제한의 내용을 담고 있다면, 그 글쓴이를 활동가로 분류하지도 않는다. 간혹-간혹 그 위원회에서는 활동가들을 모아 회의를 여는데, 그때도 마찬가지로 그들은 복종을 잘 하는, 수도 모스크바의 에스페란티스토들만 소집한다. 다른 도시 에스페란티스토들에게는 보통 여행경비를 보조해 줄 기금이 부족했다며(그 행사가 끝난 뒤에야!) 그 회의 내용을 설명해 준다.

Ili eĉ deziregis vojaĝi eksterlanden kaj paroli kun eksterlandanoj sen tradukisto!

- Unufraze — ili emis esti paralela eduka forto, ĉu ne kontraŭstaranta la komsomolon? Tiel opiniis potenculoj. Kaj — ĉar parto de junularo tamen aliĝis la esperantistan kompanion — ili serĉis ian kontraŭrimedon. Tiel aperis la Komisiono pri Koordino de Internaciaj Ligoj de Sovetiaj esperantistoj, aŭ pli kurte — Esperanto-Komisiono ĉe SSOD*.

La Esperanto-Komisiono, versimile, estis unika inventaĵo. Estis tie prezidanto, elektata kaj reelektata dum tiel nomataj "kunvenoj de aktivularo". Do, ankaŭ aktivularo ekzistis; en ties malvastan rondon homojn elektis la potenculoj el SSOD surbaze de venantaj petleteroj. Se la leteroj estis humilaj — la aŭtoro iĝis aktivulo, se ili enhavis postulojn, proponojn — la aŭtoron oni ne agnoskis aktivulo. Foj-foje la aktivularon oni devis kunvenigi, tiam la samaj oni kunvokadis obeemajn ĉefurbajn esperantistojn. Al la aliurbanoj oni ĝentile klarigis (post la kunveno!), ke mankas mono por kovri vojaĝelspezojn.

그 위원회의 "영웅적" 활동을 충분히, 분명히 잘 보여주는 사례로는 1974년 SSOD의 제3차 회의 동안 SSOD-지도자 한 사람의 발걸음이다.

"에스페란토 보급과 에스페란토-위원회의 활동을 뒤섞을 필요는 없다. 그 위원회 설치 목적은 대표단, 정기 간행물, 편지, 공동 평화 전투...를 매개로 하여 교환 형태로 국제적 연결을 쉽게 함에 있다....그 위원회는 에스페란티스토들의 다양한 요청과 제안을 자주 받는다. 이와 관련하여, 나는 SSOD가 소련 에스페란티스토들의 국제적 접촉 사항만 관여한다고 설명하고 싶다. 그 의미를 축소해서 해석하면 다음과 같이 4가지 항목이 된다:

1. 외국에 대표단과 여행단의 파견 업무
2. 외국 에스페란티스토들의 영접 업무
3. 출판 및 <Paco>(평화)라는 정기간행물의 덧붙인 호들의 배급 업무
4. 전 소련 정기간행물 구독서비스를 받을 수 있는 정기간행물들의 배급 업무.

이 밖의 모든 다른 요청들, 예를 들어, 강습회 및 클루보의 조직, 보급 및 정보 자료의 받음, 교재들의 발간, 외국 간행도서의 받음과 같은 일들은 아무 연관이 되지 않는다. 왜냐하면 SSOD가 자신의 법적 근거를 벗어난 일에는 관여하지 않는다..."

"Heroan" agadon de Komisiono sufiĉe klare prilumas elpaŝo de unu SSOD-gvidanto dum la tria Konferenco de SSOD en 1974:

"Ne necesas miksi propagandon de Esperanto kun la agado de Esperanto-komisiono. La lasta estas fondita nur cele faciligi la internaciajn ligojn en formo de interŝanĝo pere de delegacioj, periodaĵoj, leteroj, komuna pacbatalo...

...Esperantistoj ofte sin turnas al la Komisiono kun diversaj petoj kaj proponoj. Lige kun tio mi volas klarigi, ke SSOD okupiĝas nur pri internaciaj kontaktoj de sovetiaj esperantistoj, en malvasta senco de la vorto:

1.Pri sendo de delegacioj kaj turistaj grupoj eksterlanden;

2.Pri akcepto de eksterlandaj esperantistoj;

3.Pri eldonado kaj disvastigado de aldonaj numeroj de "Paco";

4.Pri disvastigado de revuoj, aboneblaj pere de Tutsovetia gazetara abonservo.

Ĉiuj aliaj petoj, ekzemple, pri organizado de kursoj kaj kluboj, propagando kaj ricevo de informaĵoj, eldonado de lernolibroj, ricevado de libroj el eksterlando estas senrezultaj, ĉar SSOD, laŭ la ekzistanta leĝo, ne povas pri tio okupiĝi..."

그랬다. 에스페란토-위원회 자신은 진땀 나는 일을 맡았다! 이 중차대한 책무를 에스페란토 업무에 종사해 급료를 받는, '**책임 비서**'라는 직책을 가진, 우리나라에서 실제로 유일한 한 인물이 짊어져야 했다.

당시 우리 운동이 경험한 조건들 아래서는 SSOD의 에스페란토-위원회의 책임 비서라는 자리는 세계에스페란토운동에서 독특하지만, 동시에, 그렇지만 전체 소련 시스템에서는 일상의 일이었다. 러시아 10월 혁명을 다룬 1920년대-30년대 영화를 보면, 내 나이 또래의 같은 동포가 권총("maŭzer"*)을 차고, "레밍톤(Remington)" 타자기를 앞에 두고 해군 군인 모습으로 나오는 것으로 생각하면 된다. 예를 들어, 젊은 소련 정부를 대표하고, 필요성을 지키러 과학-연구 기관에 비서 역할을 하러 드나드는 인물로 기억한다. 그래서 그 에스페란토-위원회 책임 비서는 꼭 우리 언어를 학습하지 않아도 되고, 우리 문제들에 관심을 갖지 않아도 된다. 그 당직자(남자이든 여성이든)는 에스페란티스토일 필요도 없었다(그렇게 한 번도 되지 않았고), 하지만 우리 관료체제 속의 필수 공무원이라야 했다.

일련의 위엄을 차리는 공무원이자 "좀생이"들이 차례로 그 책임 비서 자리에 앉았다. 소문에는, SSOD 안에서도 이 자리가 요직이 아니라 한직이었다. 그 자리가 뭔가 처벌을 받아 그 자리에 가는 벌칙으로 받은 자리라고 들은 적이 있다. 아마 그것은 사실일 것이다.

Jes, ŝvitajn taskojn prenis sur sin Esperanto-Komisiono! Kaj tiun ĉi pezan ŝarĝon devus porti fakte sola persono en la ŝtato, ricevanta salajron pro sia okupiĝo pri Esperanto, — la respondeca sekretario.

En la kondiĉoj, kiujn spertis nia tiama movado, la posteno de respondeca sekretario de Esperanto-Komisiono ĉe SSOD estis unika por la monda Esperanlo-movado kaj, samtempe, kutima por la tuta sovetia sistemo. El antaŭ dudek-tridekjaraj filmoj pri la Oktobra revolucio miaaĝaj samlandanoj memoras la ĉiaman figuron de maristo kun "maŭzer"* kaj kun tajpilo "Remington", venanta, ekzemple, scienc-esploran instituton por tie sekretarii, t.e. reprezenti kaj defendi bezonojn de la juna sovetia registaro. Jardekoj pasis, tamen neniaj ŝanĝoj tuŝis tiun ĉi specifan sekretarian postenon, ĉar la supruloj konservis la opinion, ke analfabeta, tamen "sia" homo sukcesos gvidi ian-ajn aferon. Do, respondeca sekretario de Esperanto-Komisiono ne nepre devus posedi la lingvon, nek orientiĝi en la movadaj problemoj. Li (aŭ ŝi) devis esti ne esperantisto (kaj eĉ ne devis esti tia), sed nepre oficisto de nia burokratia sistemo.

왜냐하면, SSOD의 다른 협회들이나 위원회들 소속의 비서가 적어도 에스페란토-위원회 비서 행정에 있어 더 조용했다. 예를 들어 소련 법률가협회의 책임 비서(그도 그 SSOD 소속이다)도, 마찬가지로, 위에서 거명된 주요인물들과의 국제적 접촉에 종사하고 있었다. 그렇나 변호사들과 법연구가들은 교재, 문학, 강습회의 발간, 개최 등의 요청과 요구에 관해 그 인물을 공격하지 않았다. "비정상적" 에스페란티스토들만이 그런 일을 시도하였지만, 그 시도는 헛되었다. 왜냐하면 "현행 법률"은 엄격하게 그 책임 비서의 권한을 제한했다.

우리는 그래서, 위에서 언급한 4가지 일을 그 자리에 앉은 사람들이 어떻게 처리하는지를 분석해보자. 이름하여 그들에게 운명으로 받아들여진 일들을. 그래, 위에서 언급된 순서대로 우리는 가보자:

1. 그렇다, 대표단과 여행단들이 우리 국경 너머 이 나라 저 나라의 에스페란토행사장에 파견되었다.

그러나 그 "대표단"은 가장 자주 책임 비서 단독으로 구성되었는데, 간혹 그 대표단에 한두 명의 모스크바 중요 인물이 들어갔다.

"Plejado" da tiuj dignaj oficistoj sinsekve okupis la postenon de respondeca sekretario. Onidire, ne estis prestiĝa tiu ĉi posteno en SSOD-anaj rondoj, eĉ mi aŭdis, ke ĝi estas punposteno, al kiu oni estis oficigataj pro ia kulpo. Eble tio estas vero, ĉar sekretariado en aliaj asocioj kaj komisionoj de SSOD estis almenaŭ pli kvieta ol tiu en Esperanto-Komisiono. Ekzemple, respondeca sekretario de la Asocio de Sovetiaj Juristoj (ĉe SSOD estis ankaŭ tia) same zorgis pri internaciaj kontaktoj de la supre nomitaj fakuloj. Tamen advokatoj kaj juĝesploristoj ne atakadis tiun personon per petoj kaj postuloj pri lernolibroj, literaturo, kursoj ks. Nur "nenormalaj" esperantistoj faradis tion, tamen vane, ĉar "la ekzistanta leĝo" rigore limigis kompetencon de la respondeca sekretario.

Ni analizu do, kiel plenumis la postenposedantoj la kvar supre menciitajn laborojn, destinitajn nome por ili. Do, en la suprenomita ordo ni iru:

1. Jes, delegitaroj kaj turistaj grupoj foj-foje estis sendataj al esperantistaj renkonliĝoj ekster niaj limoj. Sed la "delegitaroj" plej ofte konsistis ĉu el sola respondeca sekretario, aŭ tien eniris ankaŭ unu-du moskvaj gravuloj.

아주-아주 간혹 보내는 여러 여행단을 구성할 때, 다양한 기관들이 엄격하게 간여했다; SSOD-"권한을 지닌 사람들"도 자신을 선택하는 경우가 많았다. 그 여행단들에 대해 그 자리에 마지막으로 직무를 수행한 여성인 리디아 샤니나(Lidia Ŝanina)가 "모스크바 신문"(1992년 제1호)에서 열변을 토했다.

"...내가 일하는 동안, 나는 아무런 편견을 만나지 않았다... 비록 어떤 인물이 SSOD의 지도부에 여러 번 다녀가고, 침 뱉고, 고함을 내지르고, 스캔달을 만들고, 뭔가를 요구했지만, 그래도, 해외여행 관련해 그 인물의 서류들이 오면, 사람들은 단순히 그런 흥분된 자극 때문에 그 준비가 늦춰지는 경우가 많았다. 그런 그 점에는, 내 의견은, 그의 잘못이기도 하다." 아주 웅변적인 것은 그 인용문이다. 그 뒤에는 이미 어떤 독자라도 그 여행단들을 조직하는 이가 누구라는 것을 이미 상상할 수 있다.

2. 외국 에스페란티스토들이 소련을 방문하는 경우, 그 일행을 영접함에 대해 SSOD는 일관되게 아주 비우호적이었다. 그래, 필시, 십 년간 소련을 방문한 모든 외국인 에스페란티스토들의 영접 회수는 두 손으로 헤아려 봐도 몇 손가락이 남을 정도이다. 달리 말해, 당시 세계에스페란토협회 회장 험프리 톤킨(H. Tonkin*)이 국제 행사에 동유럽 에스페란티스토들의 참석을 맨 먼저 권유하고 반갑게 대해 주신 분인데, 그분이 당시 1975년 직접 소련(레닌그라드)를 방문했다.

SEJM회원들은 그분이 강연하는 레닌그라드 우정의 집(Leningrada Domo de Amikeco) 행사장에 갔다.

La konsisto de tre-tre neofte sendataj turistaj grupoj estis rigore kontrolata pere de certaj instancoj; ankaŭ SSOD-"kompetentuloj" faradis sian elektadon. Pri la lastaj elokvente rakontas s-ino Lidia Ŝanina, la lasta okupinto de la Posteno, en "Moskva Gazeto" n-ro 1, 1992:"

...Dum mi laboris, mi renkontis nenian diskriminadon...

 Kvankam se la homo venadis al la gvidantaro de SSOD kaj kriaĉis, skandalis, ion postulis (! MB), do okazadis ke, kiam venis liaj dokumentoj por eksterlanda vojaĝo, oni prokrastis ilian aranĝon simple pro inciteco. Sed en tio, mi opinias, estas ankaŭ lia kulpo". Tre elokventa estas la citaĵo. Post ĝi jam ajna leganto imagas, kiu konsistigis la turistajn grupojn.

2. Pri akcepto de eksterlandaj esperantistoj SSOD okupiĝis tre malvolonte, do; verŝajne, sufiĉos fingroj de miaj ambaŭ manoj por kalkuli ĉiujn akceptitojn dum jardeko. Interalie, mi diru, ke la tiama prezidanto de UEA H. Tonkin*, kiu la unua bonvenigis partoprenon de orienteuropaj esperantistoj en agado de tiu internacia organizaĵo, venis Sovetan Union (Leningradon) memstare en 1975. SEJM-anoj venis al la Leningrada Domo de Amikeco, kie li prelegis.

그 행사의 참석자들은 그분 강연을 녹취한 뒤, SEJM 기관지인 소식지 <Aktuale>에 이를 기사로 내보냈다.

그런데, 그 강연 내용을 허가받지 않고 녹취하고 전파했다며 SEJM 회원들은 기관으로부터, 또 마찬가지로 에스페란토 위원회의 그 책임 비서로부터 심한 비난을 받았다. 그때, 그렇게 해서 만들어진 것들이 <Paco>(평화)의 "별책 부록" 호들이다! 그 잡지들은 여러 해 동안 염원하고 희망하며 기다려 온 인쇄물이었다. 왜냐하면, 그것들이 에스페란토로 발간된 우리나라 유일의, 품질 좋은 간행물이었기 때문이다. 그 고대하던 "별책 부록"호가 나오자, 우리는 그것들을 모든 지역의 주요 인사들에게 위엄있게 전달했다. 그러고는 이렇게 말했다. "자, 여러분, 보세요. 모스크바에서도 에스페란토로 된 간행물이 나온다구요!" 그것은 때로는 긍정적인 효과를 내기도 했고, 어디선가는 이 간행물인 "별책 부록 평화"를 제시한 덕분에 우리 언어 강습회를 열 수 있는 허락을 받았다.

전적으로, SEJM(1966~1979)이 건재하던 시절에는 소련의 <Paco>라는 간행물에 겨우 2차례의 "별책 부록 호"가 발간되었다. 그 2번을 제외하고는 추가로 "별책 평화"호를 발간을 위해 모스크바 활동가들이 수집해 온 수많은 기사, 이야기들, 시와 사진들은 SSOD에서 반영되지 않고 폐기되었다.
에스페란토간행물들은 여러 해 동안 소련 전국의 잡지 구독 서비스망을 통한 구독은 허락되지 않았다. 그래서 그 넷째 임무는 1980년대 중반까지 존재하지 않았다.

Ili surbendigis lian prelegon kaj poste publikigis raporton pri ĝi en la organo de SEJM, la informbulteno "Aktuale". Pro senpermesa surbendigo kaj reklamado de tiu prelego la SEJM-anoj estis grave riproĉitaj de oficialaj instancoj, ankaŭ de la respondeca sekretario de E-komisiono. Tiel nomataj "aldonaj" numeroj de "Paco"! Estis ili sopire kaj espere atendataj dum longaj jaroj, ĉar la sola bonkvalita nialanda eldonaĵo en Esperanto ili estis. Kiam aperis la atendata "aldona" numero, ni solene portadis ĝin al ĉiuj lokaj oficialuloj, dirante: "Jen, vidu, ankaŭ en Moskvo aperas revuo en Esperanto!". Tio foje efikis tre pozitive, kaj ie oni eĉ permesis kurson de la lingvo dank' al tiu montrado de la "aldonpaco". Entute, dum la periodo, kiam funkciis SEJM (1966-1979) aperis 2 (du) aldonaj numeroj de sovetia "Paco". Amaso da artikoloj, rakontoj, poemoj kaj fotaĵoj, kolektitaj de moskvaj aktivuloj por pluraj planataj "aldonpacoj", pereis en SSOD.

Esperantlingvaj revuoj ne estis aboneblaj pere de Tutsovetia gazetara abonservo dum multaj jaroj. Do, la kvara grandioza tasko ne ekzistis ĝis mezo de la okdekaj.

그럼에도, 그때부터, 그 책임 비서는 그 잡지간행물을 요청하는 에스페란토-클루보들에게 몇 부씩 배포해야 했다. 그런 배포에 대해서 그는 그런 클럽의 행운아들에게 소식 쪽지를 보냈다. 그 일은 정말 실행되었다. 물론, 그 소식 쪽지를 보내느라, 또 간행물을 배포하는 많은 업무로 인해 시간이 다 뺏겼음은 물론이다, 그러니 에스페란토를 배울 시간은 그 책임 비서들에겐 오지 않았다. 더구나 소련 에스페란티스토들을 위한 시간도 더 내어 주지 않았다. 그런 소련 에스페란티스토들이 그 비서를 찾아가거나, 전화하거나, 편지를 보내면, 그 "자리를 차지한 책임 비서"는 보통 이 언어를 싫어하고, 이 언어 사용자를 "나쁜 작자들"이라며 싫어했다. 그러나 모든 당직자가 자신의 비호감을 다 드러내지는 않았다. 어떤 당직자는 뭔가 영양이 필요한 일에 도움을 줘야겠다고 느낀 인사도 있다. 1969년 우리의 툴랴 폴리테크니카 대학 (Tula politeknika instituto) 에스페란토-클루보는 당시 책임 비서인 아나톨리이 마코프스키이(Anatolij Makovskij*)에게 클루보 내에서 가장 활동이 많은 학생에게 '올해의 상'장을 포상하도록 요청하기도 했다.

그는 자신의 SSOD 사무실에 가득 쌓인, 정확히 소련 에스페란티스토들을 위해 보낸, 사회주의 국가들이 보낸 정기간행물들(<Paco>, 베트남 잡지<Informoj el Vjetnamio>, 불가리아 잡지 <Bulgara esperantisto> 등등)을 아낌없이 우리에게 보내준 수고에 대해 우리가 툴라에서 파는 대형 유명 케이크를 선물하기도 했다.

Ekde tiam, tamen, respondeca sekretario devis distribui po kelkaj abonoj al Esperanto-kluboj, kiuj ilin petegis. Pri tiu distribuo li sendis al la kluboj-feliĉuloj informan folieton. Tiu laboro vere estis farata. Memkompreneble, ke tiom da okupoj tutan tempon forprenis, do la tempon por Esperanto respondecaj sekretarioj ne havis. Des pli por sovetiaj esperantistoj. Pro tio, ke la lastaj tamen emis venadi, telefonadi, skribadi, la "postenuloj" kutime malŝatis kaj la lingvon kaj la "aĉulojn", uzantajn ĝin. Ne ĉiuj, certe, aktive elmontris sian malŝaton; iuj eĉ sentis devon helpi iom al la afero, kiu nutras.En 1969 nia studenta E-klubo ĉe Tula politeknika instituto aljuĝis la jaran premion por la plej bona amiko de la klubo al tiama respondeca sekretario Anatolij Makovskij∗. Li ricevis faman Tulan kukegon pro tio, ke malavare sendadis al ni la periodaĵojn de socialismaj landoj ("Paco", "Informoj el Vjetnamio", "Bulgara esperantisto" ka), kiuj amasiĝis en la ejo de SSOD, ricevataj ĝuste por sovetiaj esperantistoj.

베리오자 아나톨리 바실리에비치(Berjoza Anatolij Vasiljeviĉ*)가 몇 년이 지나 서기가 된 이후, 그 감정에 양보하기를 주저하지 않았다. 아니, 간단히 말해 아예 그런 감정을 지니지 않았다. 그래, 그는 에스페란토-위원회 앞으로 온 에스페란토로 된 문헌 자료 전부를 SSOD의 지하 창고(수장고)에 쌓아 놓았다. 내게 그가 개인적으로 한때 설명하기를 그 "쓰레기들을"(에스페란토간행물들을) 나눠 줄 수도, 던져버릴 수 있는 권한을 갖고 있지 않다고 했다. -오로지 명령을 위에서 내려 주지 않으니! 의심에 여지없이, 아나톨리 바실리예비치는, 그만큼 명령을 기다리고 그 명령에 복종하는 점은 잘 훈련되어, 소련 연합 국내에서 어떠한 종류의 조직체를 위해서도 모범적인 책임 비서가 될 수 있었으리라. 남서쪽의 여러 공화국 중 한 공화국의 고위급, 소문엔, 콤소몰 지도자였던 그는 다행이도 모스크바 여성과 결혼하자, 그래서, 모스크바라는 수도에 거주권을 얻었다. 그리고 고등 모스크바 기관들은 그를 "노멘클라투어"("nomenklaturo"*)에 적합 인물로 발탁한 뒤, 그에게 다소 위엄 있는 자리를 제공했고, 그래서 그들은 "그를 에스페란토 위에 앉게 해 주었고", 그런 소문이 당시 사회(클럽)에서는 돌았다. 베리오자 동무 스스로는, 술좌석에서 5잔-6잔 째의 대화에서 함께 술 마시는 사람들에게 자신은 국가 안전국 대령이라며, 에스페란토와 에스페란티스토와 관련한 특별 임무를 수행하고 있다고 자랑하기를 좋아했다.

Kamarado Berjoza Anatolij Vasiljeviĉ*, sekretariiĝinta post kelkaj jaroj, ne emis cedi al la sentoj, aŭ, simple, ne havis tiujn. Dum li, do, tuta literaturo en Esperanto, kiun ricevadis Esperanto-komisiono, stokiĝis en la subterejo de SSOD. Al mi persone li iam klarigis, ke la "rubaĵojn" (E-periodaĵojn) li rajtas nek dissendi, nek forĵeti — mankas ordono!

Sendube, Anatolij Vasiljeviĉ, tiom bone instruita atendi kaj obei ordonojn, estus modela respondeca sekretario por kia-ajn organizaĵo en Soveta Unio. Altranga, onidire, komsomola gvidanto de unu el sudokcidentaj respublikoj, li bonŝancis edziĝi al moskvanino, do, ricevis valoran rajton loĝi en la ĉefurbo. Kaj la superaj moskvaj instancoj devis trovi por li, kiel "nomenklaturo"*, pli-malpli dignan postenon, do ili "sidigis lin sur Esperanton", kiel oni diras en tiaj rondoj. Mem kamarado Berjoza, post kvina-sesa glaso ŝatis konvinki la kundrinkintojn, ke li estas kolonelo de ŝtata sekureco, kaj havas specialan mision rilate Esperanton kaj esperantistojn.

모범적인 관리자로서 아나톨리 바실리에비치는 다른 요청이나 불평이나 조언들을 무시한 채, 정확히 '상부" 지시만 수행했다. 그의 임무는 3가지 명령 -허가를 내주지 말라, 언어 선전을 허락하지 말라, 방치하지 않도록 하라는 것 -을 따르는 것이었다. 그런 임무를 갖고, 그런 적당한 명령을 가지고, 하지만 절대적으로 이 언어를 학습하지도 않고, 운동에 대한 아무 상상력도 없이, 단독으로 (!) 그는 그리스에서 열린 세계에스페란토대회에 공무 여행을 했다. 그리고 그만큼 용감한 사람을 <Esperanto> 간행물에서는 비웃기로 결정했다 -얼마나 거만한가! 그 기사 내용을 번역으로 받은 아나톨리이 바실리예비치는 자신의 상사에게 달려가 "우리 조국을 배반하는 세계 제국주의의 의례적인 공격"이라며 보고했다. 그 상사는 그 고통을 받은 사람에게 심심한 위로를 표시하고는, 베리오자 동무가 레이캬비크, 바르나, 루체른, 스톡홀롬, 브라질리아,...등 앞으로 있을 세계에스페란토대회에 똑같은 성공을 위한 여행을 가능하게 했다.

그러나 나는 정당하게 말하리라, -1978년 바르나 대회에서 아나톨리 바실리에비치가 우리 언어를 우아할 정도로 보유하고 있었다 라고 말할 수 있다고 나는 입증한다, 그 대회장에서 어떤 한국인이 화장실이 어디에 있는가요? 라고 물었을 때, 베리오쟈 동무는 이렇게 대답했다: "Tam*(러시아어로 저기)"-그러면서 그는 손가락으로 가리켜 안내해 주었다.

Kiel modela oficisto, Anatolij Vasiljeviĉ akurate plenumadis la ordonojn de "supro", alies petojn, plendojn, admonojn neglektante. La tri ĉefaj ordonoj, — ne permesi, ne propagandi, ne allasi, — jen estis lia misio. Kun tiu misio, kun konvena ordono, sed absolute sen posedo de la lingvo, sen ia imago pri la movado, sola (!) li oficvojaĝis al UK en Greklandon. Kaj tiom kuraĝan homon decidis moketi la revuo "Esperanto" — kia arogo! Ricevinte tradukon de la artikoleto, Anatolij Vasiljeviĉ kuris al sia estro kaj raportis pri la "Vica atako de monda imperiismo kontraŭ nia ŝtato". La estro esprimis al la suferinto profundan kompaton kaj k-do Berjoza ekvojaĝis kun la sama sukceso al UK-oj en Rejkjavik, Varna, Luzern, Stockholm, Brasilia...

Sed estu mi justa, — en 1978 en Varna, Anatolij Vasiljeviĉ jam posedis la lingvon dignanivele — mi atestas. Kiam iu koreano demandis lin, kie troviĝas necesejo, k-do Berjoza respondis: "Tam"* — kaj montris per la fingro...

1979년 그 책임비서의 상사가 에스페란티스토 계에 소련에스페란토협회(Asocio de Sovetiaj Esperantistoj (ASE)라는 조직을 '온전히 우연히' 선물로 주고는, "전부 민주적으로" ASE의 책임 비서로 똑같은 사람인 베리오자를 임명했다. 그리고 이 "새" 직위에서의 그의 영광의 행위 중 하나는 다음과 같았다.

　　1980년 여름, 그는 이바노프에서 열린 SEJT 야영행사에 이틀간 방문했다. 그 행사의 주최자와 조직자들은 친절하게 그 고위 감사관을 만났다. 그 감사관은 행사장의 이모저모를 보고는, 점심을 함께하고는 고개를 끄덕였다... 저녁에 그는 그 야영장 행사 주최자인, 자신의 여행단 단장과 술잔을 기울이면서, 그 마음씨 착한 전직 장교에게 공포의 비밀을 발설했다. 아나톨리 비실리에비치가 그의 말을 듣고 전하는 바는, 이 행사를 조직한 이들은 에스페란티스토들도 아니고, 단순히 청년들도 아니고 시온주의자라고 했다고 했다나! 여러분의 관광단 속에 시온주의 음모가 준비되어 있다나! ―그렇게 그는 고개를 갸우뚱하는 행사 주최자를 두렵게 만들었다.

　　아침에 베리오자 동무는 아무 의심을 하지 않고 그 행사 조직자들과 함께 평화로이 그곳을 떠났다. 그러나 나중에 그 조직자들은 이미 경찰의 도움을 받아, 그 야영행사를 쫓아내려고 이미 준비한 그 주인을 다시 설득하러 너무 많은 에너지를 써야 했다....

Kiam en 1979 la supro donacis al esperantistaro la Asocion de Sovetiaj Esperantistoj (ASE), "tute hazarde", kaj "plendemokratie" respondeca sekretario de ASE iĝis la sama kamarado Berjoza. Kaj unu el liaj gloragoj en tiu ĉi "nova" posteno estis jena.

Somere de 1980 li venis por du tagoj al SEJT en Ivanovo. La mastroj kaj organizantoj de la tendaro afable renkontis la altrangan inspektoron. La lasta promenis, ĉion rigardis, tagmanĝis, kapjesis... Vespere li dum drinkado kun estro de la turismejo, gastiganta la tendaron, malkaŝis al tiu bonkora eksoficiro teruran sekreton. La tendaron organizis, — rakontis Anatolij Vasiljeviĉ, — ne esperantistoj, ne simpla junularo, sed cionistoj! En via turismejo estas preparata cionista komploto! — timigis li la gapantan mastron.

Matene kamarado Berjoza forveturis pace, akompanata de la organizantoj sen ajna suspekto. Sed poste tro multajn fortojn devis ili elspezi por rekonvinki la mastron, kiu jam estis preta peti helpon de milico kaj dispeli la tendaron...

그 가장 오랫동안 "에스페란토 위에 앉아 있는자"이자, 대답(회신)없는 "책임 있는 서기"인 베리오자 동무는 몇 명의 동지들이 노래를 부를 만큼 그만큼 자신의 "전설적" 행동들로 유명해졌다. 그래서, 아마도, 그가 이 직위에 탁월한 사람이자, 그 정체 시대에서의 적임자였었다. 그런가요? 하지만, 하지만...

이미 다른 시대가 왔다. 1990년 8월이었다. 우리가 "세계 여행(Monda Turismo)" 회의 기간에 콘서트를 개최하러 개인적으로 방문한 이스탄불의 어느 커피점에서 우리는 러시아어로 이야기를 나누기 시작했다. 그리고 곧장 기쁘게도 우리에게 2명의 충분히 젊은 남자들이, 감동을 하며, 마침내 동포를 만났다고 했다. SSOD의 공무원들인 그들은, 이전엔 에스페란토에 대해 아무것도 듣지 못하고서 갑자기 공무, 즉, 이 행사에 소련 에스페란티스토들의 대표자로써 참관하는 여행(무료이니 -물론 거절하지 않았을 것이다)을 하도록 지시를 받았음이 분명했다. 그 가련한 청년들은 5일짜리 왕복항공권을 갖고 있어, 그 열사의 땅 터키에서 이곳으로 자신들이 온 목적도 전혀 이해하지 못한 채, 땀을 뻘뻘 흘려야만 했다.

그리고 그때 나는 국가 관료시스템의 그 놀라운 생명력을 깨부순 것은 "페레스트로이카"도 아니요, "새 민주주의자들"도 아니고, 물론 악마 자체도 아님을 확신했다. 안타깝게도 지난 2년간 내 확신만 심화시켰다.

그러나 그 점에 대해 우리는 다시 한번 말할 기회가 있겠지요?

La plej longatempa "sidanto sur Esperanto", senrespondeca "respondeca sekretario" kamarado Berjoza tiom famiĝis pro siaj "legendaj" agoj, ke estis eĉ prikantita de kelkaj samideanoj. Do, eble, li estis elstara persono por tiu ĉi posteno, taŭga por tiu stagna epoko, ĉu ne? Tamen, tamen...

Estis jam alia epoko, estis aŭgusto 1990. En Istambulo, kien ni venis private por koncerti dum la konferenco de "Monda Turismo", en kafejo ni ekbabilis ruslingve. Kaj tuj ĝoje aliris nin du sufiĉe junaj viroj, kortuŝitaj, ke fin-fine trovis samlandanojn. Evidentiĝis, ke ili, oficistoj de SSOD, nenion antaŭe aŭdintaj pri Esperanto, estis subite senditaj oficvojaĝe (senpage — do ne rifuzis) al la sama konferenco, kiel reprezentantoj de sovetiaj esperantistoj. La kompatindaj knaboj havis rean bileton por kvin tagoj poste, do, ili devis ŝviti en varmega Turkio, tute ne komprenante la celon de sia veno tien ĉi.

Kaj tiam mi certiĝis, ke tiun miraklan vivkapablon de la ŝtata burokratia sistemo rompos nek "perestrojko", nek la "novaj demokratoj", eĉ ne diablo mem. Bedaŭrinde la du pasintaj jaroj nur profundigis mian certecon. Sed pri tio ni parolu alifoje, ĉu ne?

벌써, 나는 이제
기진맥진해, 아주 노쇠해질 때가 오면
그때, 언젠가 내가 관여하는 일은
번역 일만 온전히 할 수 있을 것이다.
내 머리숱이 줄어들게 되면
관자놀이 위의 희끗한 머리카락도 보일 것이고
그때 나의 이 낯선 생각들을
나는 내 것인 것처럼 번역할 것이다.
내 고유 의견은
자기희생으로 사그라질 것이고
나의 정체성은 녹아내릴 것이고
종이 위에서도.

벌써 난 익숙해질 것이다
근거를 찾아보려는 납작함에서
싫든 좋든
훔침, 아첨, 돈 많음을 존중할 것이고,
한때의 영광만이
타성적으로 앞서 달릴 것이고,
어느 우울한 시간에 나는
나의 목을, 분명, 목줄로 감을테니.

내 우울한 삶의 길이
―그런 운명을 받는다면,
내 기꺼이 죽을 정도의 기쁨보다
즐거운 죽음을 택하리라.

Jam, kiam mi estiĝos
  Tute laca, tre kaduka, —
Tiam iam okupiĝos
  Nure pri labor' traduka.
  Kiam haroj perdos denson,
  Montros grizon surtempian,
  Tiam ĉiun fremdan penson
  Mi tradukos, kvazaŭ mian.
La propra opinio
  Estingiĝos sinofere,
  Kaj degelos mia mio
  Eĉ surpapere.

Jam, kiam mi kutimos
En la plato serĉi fundon,
  Volnevole ekestimos
  Ŝtelon, flaton, monabundon,
  Kiam nur iama gloro
  Inercie antaŭkuros,
  Mi en iu trista horo
  Mian gorĝon, certe, ŝnuros.

Se donos tian sorton
  Mia morna vivovojo,
Mi preferas ĝojan morton
  Al la morta ĝojo.

이미, 내가 고립되고
우울한 생각이 나를 가둘 때,
그때 언젠가 나는 바보스럽게
저 멀리 있는 친구들을 위해 기도하리라.
정말 밝은 기억은
그때 나를 흥분으로 치닫게 할 것이고-
작은 아픔, 큰 아픔이 아니라
면도할 때 뺨에 상처를 입히는 것처럼.
만일 존재가 축제가 아니라면
회색 감정만이-
나의 호의적인, 먼 곳의 친구가
그것으로부터 나를 구해주오.

여름날 방황 뒤에 우리를 다시
우울한 가을이 평안하게 하네.
월귤나무들에서 다시
황금빛 태양은 비치네.
수많은 아름다운 생각이 드네.
그 야영행사장에서의 과감한 토론 동안에
초록별 나라에서는
이제 평화로운 삶이 해결되었네.
정확한 세상에서는
모두가 제 자리를 잡고 있네:
변호사는 -의자를
외교관은 -서류가방을
모든 연인은 -사랑을

Jam, kiam dum izolo
Mornaj pensoj min sieĝos,
Tiam iam mi en folo
La amikojn forajn preĝos.
Ja hela rememoro
Tiam tuŝos min ekstaze —
Doloreto, ne doloro,
Kvazaŭ vangon vundis raze.
Se la esto jam ne festo,
Nur la griza emocio, —
Mia fora ul' favora
Savu min de tio.

Ree nin post someraj vantoj
Trankviligas la trist' aŭtuna.
Ree en oksikokaj vangoj
Respegulas sin oro suna.
Estis multaj ideoj belaj
Dum tendara diskut' aŭdaca,
Sed la lando de verdaj steloj
Nun solviĝis en vivo paca.
En la mond' akurata
Ĉiu havas la lokon:
Seĝon — la advokato,
Tekon — la diplomato,
Amon — ĉiu amato, —

나는 월귤나무를 가지고 있네.

꿈이여, 꿈들이여, -그대들은, 비누거품들-
낡은 삶 속에서 파열하는구나.
벽돌 같은 머리들 사이에서 자주
우리는 주위의 진실에 양보하네.
 그 사람은 꿈을 망쳐, 피난했고,
그 사람은 심장마비로 죽었네.
그는 뭐든 하는 "머리카락 같은 가는 팔"때문에
뭔가를 가졌구나.
가난한 은둔자는 기도하네
휘황스런 성가대 주랑을 향해서가 아니라.
그랬다, 우리는 창조를 위해 노력하지만,
다음 생각은
한탄 속에 헛되이 서 있다네.
닫힌 문 앞에서.

나는 늪에서 평안을 구하고,
월귤나무여, 내 사랑이여-,
승리 없는 전투를 마친 뒤엔, 분명히,
나를 구할 것은 마술의 요술이고,
만일 땀 흘리는 수확을 하는 동안
나는 호소나 비난을 듣고는,
이익이 되는 일이 나를 붙들고-
나는 싸움을 걸지 않고 박수 치지 않네.

Havas mi oksikokon.

Revoj, revoj — vi, sapvezikoj —
Kreve krakas en vivo kruda.
Ofte inter la kapoj brikaj
Cedas ni al la ver' apuda.
Tiu fuĝis, disreviĝinta,
Tiu mortis pro koratako,
Tiu ion atingis pro la
Ĉiopova "haroza brako".
Ne al pompa jubeo
Preĝas povra ermito.
Jes, ni strebas al kreo,
Sed la vica ideo
Vane staras kun veo
Antaŭ pordo fermita.

Mi en marĉoj trankvilon serĉas,
  Oksikoko, la amo mia, —
Post senvenkaj bataloj, certe,
  Savos min ĝia sorĉ' magia.
  Se dum la rikoltado ŝvita
  Mi alvokon aŭ mokon aŭdas,
  Tenas min la afer' profita, —
Ne kverelas mi, ne aplaŭdas.

친구여, 그대는 이해하게,
나는 소집을 정말 듣고 있네.
그러나 복잡한 일은-
대중의 의견이고
또 나는 세속적이 되어서는-,
내겐 월귤나무가 있네.

Vi komprenu, amiko,
 Mi ja aŭdas la vokon,
 Sed afero komplika —
Opinio publika,
 Kaj mi estas laika —
Havas mi oksikokon.

05. 권위에 기댐

　내 고향 도시의 **국제 우정(Internacia Amikeco) 클루보**(에스페란토-단체를 그렇게 보통 부름)로 온, 모두가 주목한 첫 물품은 대형 붉은 천에 하얀색으로 진하게 쓴 '에스페란토는 프롤레타리아의 라틴어다(V.I. 레닌)"라는 현수막이었다. 그것은 감동을 주었다. 나는 그 라틴어라는 말이 아직 무엇인지 모른 채 우리 클루보에 갔더니, 내 담임 선생님은 나를 비롯한 또래의 소년들에게 그 슬로건이 가진 의미를 설명해 주었다. 그리고 나는 레닌(V.I. 레닌) 스스로 국제어 학습에 있어 우리와 함께 하였네 하는 느낌으로 자긍심을 가졌었다. 나중에야 내가 알았지만, 그 말을 한 사람은, 레닌이 아니라 아마도 앙리 바르뷔스(Henri Barbusse*)이거나, 아니면 어느 다른 유명인이었다. 그럼에도 당시, 우리는 우리와 함께 레오 톨스토이(Leo Tolstoj*), 막심 고리키(Maksim Gorjkij), 티토(Iosip Broz Tito*) 유고슬라비아 대통령과 수많은 명사 분들이 에스페란토를 학습한 인물로 알고 있었다. 우리와 같은 길에서 함께 가고 있다는 그 사실은 우리 어린 마음을 따뜻하게 해 주었다.

　오늘날 청년들은 모든 권위기관에 침을 뱉는 시대가 되었다. 내가 내 아들에게 그런 유명 인사들의 교훈적인 중요한 말을 교육 목적으로 언급하면, 아들은 언제나 똑같은 대답을 한다: "그래서, 그게 어떻다고요?..." 우리 아들은 20년 전에, 아니 좀 더 이른 시점에는 모든 것이 달라져 있었음엔 상상조차 하지 못 한다.

05. Apogo je aŭtoritatoj

La unua aĵo, kiun atentis ĉiu, venanta al la klubo de Internacia Amikeco (tiel oni kutime nomis Esperanto-klubojn) en mia naskiĝ-urbo, estis granda ruĝaŝtofa slogano, kie blankaj literoj triumfis: "Esperanto estas latino de proletaro. (V. I. Lenin)". Tio impresis. Mi venis al la klubo ankoraŭ ne scianta, kio estas latino, sed la Instruisto klarigis al mi kaj al aliaj knaboj sencon de la slogano. Kaj ni ekfieris, kvazaŭ mem Lenin estis kun ni en nia lernado de la lingvo internacia.

Poste evidentiĝis, ke ne Lenin tion diris, sed eble Henri Barbusse∗ aŭ iu alia famulo, tamen al tiu tempo ni jam sciis, ke kun ni estas Leo Tolstoj∗, Maksim Gorjkij, Iosip Broz Tito∗ kaj multaj-multaj aliaj famaj simpatiantoj de Esperanto. Ni iris en la sama vico kaj tiu fakto varmigis niajn infanajn korojn.

Nun venis la tempo, kiam junularo moderna kraĉas al ĉiuj aŭtoritatoj. Kiam mi, citanta edukcele por mia filo ion de la eminentuloj, ricevas ĉiam la saman respondon: "Nu, kaj kio?..." Li eĉ ne povas imagi, ke antaŭ dudek jaroj, aŭ eĉ malpli, ĉio estis aliel.

권위기관에 종사하는 인사나 저명인사의 모든 의견은, 우리에게 중요하지는 않아도, 다른 사람이 제시한 의견을 바탕으로 자신의 근거로 뭔가를 내세우며. 자신의 좁은 관할 구역에서 에스페란토 운동을 불허하거나, 불허했던 공무원들에겐 첫째 근본적인 중요 사항이 되어 있었다. 그리고 우리 지도자들은 모든 SEJM-활동가에게 아주 아주 중요한 것이 유명 인사들이 긍정적으로 피력한 의견을 모음이라고도 말해 주었다. 그래서 나는, 어느 고위급 당이나, 콤소몰이나 조합(sindikato) 요인에게 가면, 맨 먼저 이 같은 내용의 발언을 내세울 수 있었다:

-아세요, 프롤레타리아 작가인 천재 막심 고리키가 확고하게 에스페란토를 지지했음을요? 자 봐요, 그분이 말씀한 것을. 그리고 이것은, 루나차르스키(Lunaĉarskij*)가 말씀한 것을, 이건 로맹 롤랑(Romain Rolland*)이 하신 말씀이고요. 또 레오 톨스토이가 하신 말씀을요!

그러면 -어떤 지방 고위직 지부 책임자의 마음도 다소 너그럽다.

-그래요, 만일 톨스토이가 직접 언급하셨다면, -그 당시 에스페란토는 유익한 사업이라고 했군요. -진지한 표정에 그는 일상적으로 말하고는 -그렇다고 하니 이 사안은 허가해 줍니다.

그런데 더 고위급 기관들과의 대화에서는 그리 간단한 일은 아니었다. 그런 고위급 당의 공무원들은 보통 이렇게 물었다: "그런데, 레닌은 당신들의 에스페란토에 대해 뭐 좋은 말이라도 남겼나요? 라고.

Ĉiu opinio de aŭtoritatulo, de merita persono estis esence grava unuavice eĉ ne por ni, sed por oficialuloj, kiuj, bazante sin sur alies opinio, permesis aŭ ne permesis Esperanto-movadon en sia regneto. Kaj treege valora por ĉiu SEJM-aktivulo nomis niaj gvidantoj kolekton de pozitivaj opinioj de famuloj. Do, mi, venante al iu altranga partia, komsomola aŭ sindikata funkciulo povis jene komenci la parolon:

— Ĉu vi scias, ke la genia proleta verkisto Maksim Gorjkij firme subtenis Esperanton? Jen, kion li diris. Kaj jen, kion diris Lunaĉarskij*. Jen Romain Rolland*. Jen eĉ Leo Tolstoj!
Kaj — degelis la koro de ajna provinca altpostena filistro.
— Nu, se eĉ mem Tolstoj — tiam vere estas bona afero tiu Esperanto! — gravmiene diris li kutime, kaj — permesis.

En la instancoj pli altaj ne estis la afero tiom simpla. Tiarangaj partiaj funkciuloj kutime demandis: "Sed, ĉu Lenin ion bonan diris pri via Esperanto?".

또 그들 중에는 '프롤레타리아의 라틴어'라는 그 말이 레닌이 한 말이 아닌 것을 알고 있는 사람도 있다. 그러면, 그들과의 어떤 종류의 협상이든 훨씬 어려워진다. 그리고 세계 프롤레타리아 당중앙(지도자)이 에스페란토에 호의적이었는지의 질문에 답을 하려면 의미심장해진다.

그 질문을 추적하는 일은 에스페란토 사용자이든 에스페란토 반대자이든 거의 동시에 시작되었다. 그래서 에스페란토에 대한 레닌의 의견이 어떠하였는지 자료에 접근함은 얻음, 잃음, 그리고 희생이 함께 하는 정말 열정의 전투였다. 필시 그런 여러 접근 중 처음의 시도는 라트비아 수도 리가 출신의, 야니스 라이니스(Janis Rainis*)를 번역한 저명 에스페란티스토 인츠 차체(Ints Chache*)였다.

그 영웅적이고 정직한 남자는 1917-1918년 라트비아 소총수들로 구성된 영광의 분견대에 소속되어, 볼세비키 정부를 열렬히 지지했다. 그곳 군인들이 레닌을 직접 호위하기조차 했다. 내가 그분, 인츠 차체(Ints Chache*)를 만났을 때, 그분은 이미 노인이었다.

에스페란토에 중요한 선의를 행하기를 솔직히 기원하는 그분 말씀은 거짓에 가까웠다. 그는 자신의 기억을 과장하고 공증인처럼 확신을 갖게 했다.

그 기억의 주요 논점은 인츠 차체 자신과 그 볼세비키 지도자와의 개인적 만남에 대한 대화였다.

Kaj ili eĉ sciis, ke ne al Lenin apartenis la vortoj pri "latino de proletaro". Do, estis multe pli malfacilaj la traktadoj kun ili, kaj vive signifa iĝis respondo al la demando, ĉu favoris al Esperanto la gvidoro de la monda proletaro.

Esplori tiun demandon komencis preskaŭ samtempe la adeptoj kaj la kontraŭuloj de Esperanto. Do la serĉado de Lenin-opinio pri Esperanto estis vera batalo fervora kun gajnoj, perdoj kaj eĉ viktimoj. Verŝajne, la unua el tiuj estis konata latva esperantisto, tradukisto de Janis Rainis*, rigano Ints Ĉaĉe*.

Tiu heroa, honesta viro en 1917-1918 arde subtenis la bolŝevikan registaron, estinte ano de la glora taĉmento de latvaj pafistoj. Ties taĉmentanoj eĉ gardis mem Lenin-on. Kiam mi renkontis Ints Chache, li estis jam maljuna homo. Sincere dezirante fari gravan bonon por Esperanto, li venis al mensogo.

Li multobligis kaj notarie konfirmis siajn rememorojn. Ĉefa temo de la rememoroj estis personaj renkontiĝoj kaj konversacioj de Ints Chache kun la gvidanto de bolŝevikoj.

그분 말씀에 따르면, 레닌은 열렬한 국제어 공감자였으며, 작가가 입증할 수 있는, 에스페란토와 관련된 자신의 긍정적 관계를 많이 표현했다. 그 가련한 작가는 울먹이기까지 하였다. 마르크스-레닌주의 연구소(Instituto de Marksismo-Leninismo (IML))로 보낸, 그런 기억에 관한 복사본은 그 기관으로부터 날카롭고 비판적 회신이 왔기 때문이었다. 내 의견으로는, 그 회신은 그 노인에겐 치명적이었다.

마르크스-레닌주의 연구소는 레닌이라는 이름과 연관된, 어떤 종류의 문건에 대해서도 권위를 입증해 줄 권한을 가진 최상층 기관이었다. 그래서, SEJM에서 궁금한 회원들의 쏟아지는 질문들과, 더구나 그보다 더 나이 많은 에스페란티스토들의 빈번한 요청들이 그 기관으로 향했다.

그러자 그런 모든 편지에 대해 그 연구소는 똑같은 대답을 내놓았다: 우리 연구소 소장 문건에는 V. I. 레닌이 에스페란토에 우호적이든, 그렇지 않든, 어떤 종류의 글로 쓴 의견은 없다.

그런 회신에도 불구하고, 그 싸움은, 에스페란티스토들과 에스페란토에 반대자들 사이의 레닌 견해를 기반으로 그 레닌을 어느 소속에 속한다고 밝히려는 진짜 싸움이 열렬히 지속되었다. 분명하게도, 우리 운동 반대자들이 더욱 득점하기 좋은 조건에 가 있었다. 그 이유는 중앙 언론조차도 에스페란토에 비우호적 자료들을 기꺼이 발표해버렸기 때문이다.

Laŭ Chache, Lenin estis fervora simpatianto de la internacia lingvo kaj multfoje esprimis sian pozitivan rilaton al Esperanto, kion povas atesti la aŭtoro. Ploris la kompatinda aŭtoro, ĉar kopio de la rememoroj, sendita al la Instituto de Marksismo-Leninismo (IML), ricevis akran kritikan respondon. Mi opinias, ke tiu respondo estis pereiga por la maljunulo.

IML tiam estis la plej supra instanco, rajtigita atesti aŭtentikecon de ia ajn dokumento, ligita kun la nomo de Lenin. Al tiu instanco, do, estis direktitaj amasaj demandoj de SEJM-anoj scivolemaj kaj postuloj de pli aĝaj esperantistoj. Kaj al ĉiu letero IML donis la saman respondon: ia ajn skriba opinio de V. I. Lenin ĉu por aŭ kontraŭ Esperanto en la dokumentaro de la Instiluto mankas.

Spite al tiuj respondoj la batalo, vera batalo inter esperantistoj kaj ties kontraŭuloj pro la opinio de Lenin, do pri aparteno de Lenin al tiu aŭ alia taĉmento, arde daŭris. Certe, la kontraŭuloj niaj estis en pli gajnaj kondiĉoj, ĉar kontraŭesperantistajn materialojn volonte publikigis eĉ centraj ĵurnaloj.

예를 들어, 중앙당 기관지의 어느 기자가 어느 여성 노인을 인터뷰한 기사를 실으면서, 블라디미르 일리치 (Vladimir Iljich)가 때로 자신의 언니인 마리아 일리니츠나(Maria Iljiniĉna)에게 에스페란토는 불필요한 고안물이라고 말했다고 했다.

또 마리아의 여자친구가 한때 그 여성에게 말했다고 했다. -그럴 리가 없어, -에스페란티스토들은 반박했다. -언제 그 일이 있었대요? 에이, 1912년이라구요! 그런데, 여러분, 1912년 레닌은 크라코프에 살고 있었음을 모르나요? 뭐라고요, 뭐라고요? 정말 크라코프에서 그 당시 세계에스페란토대회가 열렸고, 레닌도 그 행사에 참관했다는 증인들의 말도 있다구요. 정말, 그가 1천 명이 참석한 그 행사를 놓칠 리가 없어요! 정말 노동자-에스페란티스토들도 있었다구요...

이제 SEJM의 기관지 <Aktuale>에서 살라바트(Salavat) 출신의 한 에스페란티스토가 소동을 일으켰다: 중앙지 "이즈베스티야("Izvestija")가 V. I. 레닌과의 대화 관련 스웨덴 행동가"라는 기사를 발표했다고 했다. 한편 그 스웨덴인 린드하겐(K. Lindhagen)이 레닌에게 이렇게 물었다고 한다: "러시아 정부에 뭔가...세계어 설립을 목적으로 하는, 세계의 모든 학교에 필수과목으로 선택하는 국제 협약을 체결할 계획이 있는가요?"

그래서 안타깝게도! V. I. 레닌은 그 스웨덴 손님에게 대답하기를, 이미 이 세상에는 3가지 전세계어가 있고, 이제 러시아어가 그 넷째가 될 겁니다.

Jen iu ĵurnalisto el la ĉefa partia ĵurnalo intervjuis unu maljnulinon, kiu diris, interalie, ke Vladimir Iljiĉ foje diris al sia fratino, Maria Iljiniĉna, ke Esperanto estas senbezona elpensaĵo. Kaj ke tion al la maljunulino iam rakontis amikino de Maria Iljiniĉna.

— Ne povas esti, — refutis esperantistoj, — kiam tio okazis? AH, en 1912! Sed, ĉu vi ne scias, karaj, ke en 1912 Lenin estis en Krakovo! Kio, kio? Ja samtempe en Krakovo okazis la Universala Kongreso, kaj onidire estas atestantoj, ke Lenin ĉeestis la UK-on. Vere, ne povis li preteratenti la aranĝon kun mil partoprenantoj! Ja ankaŭ laboristoj-esperantistoj ĉeestis...

Jen maltrankvilas en "Aktuale", la organo de SEJM, samideano el Salavat: la centra ĵurnalo "Izvestija" publikigis la artikolon "Sveda aganto pri interparoloj kun V. I. Lenin". Interalie, la svedo K. Lindhagen demandis al Lenin: "Ĉu ekzistas ĉe la rusa registaro iaj planoj por... kontrakti internaciajn konvenciojn, kiuj celus establon de tutmonda lingvo, deviga por studado en ĉiuj lernejoj de la mondo?".

Ho, ve! V. I. Lenin, respondante al la sveda gasto, diris, ke jam estas tri tutmondaj lingvoj, kaj la rusa iĝos la kvara.

그 기사에서 기자는 명백한 에스페란토에 반대적인 정서의 그 말을 장식하고 있었다: "국제 협력의 발전, 다양한 민족과 국가들에 속하는 사람들의 의사소통은 인공어에 바탕을 둘 것이 아니라, 이미 전 세계어가 된 몇 개의 살아있는 언어를 기반으로 해야 한다.."고. 그러니 지금 뭘 어떻게 하지?!!

그러자 레닌-저작물 연구자들 중 에스페란티스토들 사이에서 가장 권위자인 포드카미네르(Podkaminer)교수가 그 에스페란티스토를 진정시켰다: "그런 분야에 관심을 가지는 이들은 제가 쓴 "레닌과 에스페란토"라는 기사를 한 번 확인해 주기를 바랍니다."고 했다. 그 기사에는 "레닌조차도 국제어인 에스페란토에 관심을 지니지 않았지만, 그는 이 언어를 국제 혁명의 운동과, 소련에 대해 진실을 보급함에 대해서는 이 언어의 사용 가능성을 무시하지도 않았다"고 언급했다.

그런 논전을 통해 에스페란티스토들은 그럼에도 중요한 사실 하나를 찾아냈다: "V.I. 레닌" 중앙 수도 도서관에 한때 유명 저자들 -카르와 파녜(Kar kaj Panje)- 이 저술한 에스페란토 교재가 1권 있는데, 그 책에는 저자들의 자필 서명으로 "에스페란토의 보호자, 레닌 님께"라는 문구가 담겨 있고, 그 책이 그 지도자의 개인 도서목록에 포함되어 있다고 확인해 주었다.

La artikolon ties aŭtoro finis en klara kontraŭesperanta spirito: "Progreso de la internacia kunlaborado, interkomunikado de la homoj de diversaj landoj kaj nacioj efektiviĝas ne surbaze de artefarita lingvo, sed surbaze de kelkaj vivantaj lingvoj, kiuj iĝis tutmondaj..." Kion do fari nun?!!

Kaj trankviligas la samideanon profesoro Podkaminer, la plej granda aŭtoritato inter esperantistoj — esploristoj de Lenin-verkoj: "...mi povas rekomendi al la interesiĝantoj sin turni al mia artikolo "Lenin kaj Esperanto".

En ĝi estas troveblaj faktoj, montrantaj, ke eĉ se Lenin speciale ne interesiĝis pri Esperanto kiel IL, tamen li ne preteriris la eblon uzi ĝin por la internacia revolucia movado kaj por disvastigo de la vero pri Sovetio".

En la batalo esperantistoj tamen trovis la fakton, ŝajne gravan: la centra ĉefurba biblioteko "V. I. Lenin" konfirmis, ke en la persona biblioteko de la gvidoro kuŝas la Esperanto-lernolibro de iam famaj aŭtoroj Kar kaj Panje kun ilia aŭtografo: "Al sinjoro Lenin, protektanto de Esperanto". Jes, vere ekzistas tiu libro, do, trankviliĝu, esperantistoj, — Lenin, eble, nu almenaŭ vidis ĝin...

수년이 지났고, 분명한 것은 V.I. 레닌이 우리 언어에 우호적인지 아닌지가 이젠 중요한 일이 아닌 것은 분명해졌다. 아닌 쪽이 더 맞으리라!

그럼에도 새로운 세대는, 아마 그 지도자의 위대한 부분은 다른 권위자들의 언급 때문에 최면에 걸린다. 그들은, 예를 들어 솔제니친이 "굴라그 군도(Arkipelago Gulag)"의 어딘가에 에스페란티스토들에게 호의적인 말을 했다고 하여 좋아한다. 스탈린이 한때는 에스페란토에 관심을 가졌다가, 나중엔 관심을 가지지 않았음에도 좋아한다. 그렇다면 좋다....

나로서는 우리 아들의 입장이 더 많이 마음이 간다고 솔직히 말하겠다. 성숙하진 않아도 제 고유의 의견이 있음이.

지각 있는 노인은, 정말, 내 할아버지였네,-
그분의 조언은- 건드릴 수 없는 기초,
또 손자들의 꿈은 감성에 힘을 실어준다라며
할아버지는 자신이 정당하다고 분명 확신했지.
청춘의 순진한 꿈은 문제가 아니었네.-
난 논리적 쇳덩이에 불구하고 자주 행동했네. 내 스스로 그것을 선택했는지, 아니면
누가 날 한때 땅 밑에 살도록 했는지 잊었어.
또 지금 나의 지하의 삶 속에서
나는 휴식이나 휴가를 꿈꿀 수도 없네.
또 영원한 동굴의 어둠 속에서
초록별은 내 앞에서 밝게 빛나네.

Pasis jaroj, kaj evidentiĝis, ke ne estas jam grava afero, ĉu simpatiis V. I. Lenin al nia lingvo aŭ ne. Eĉ preferindus, se ne!

Tamen nova generacio, eble granda parto de tiu, hipnotiĝas pro aliaj aŭtoritataj citaĵoj. Estas bone, diras ili, ke ekzemple Solĵenicin ie en "Arkipelago Gulag" simpatias al esperantistoj. Estas bone, ke Stalin, iam interesiĝinta pri Esperanto, tamen rifuzis de ĝi. Estas bone...

Mi diru sincere, ke al mi plaĉas multe pli la pozicio de mia filo. Kvankam ne matura, tamen propra.

Oldul' prudenta, vere, estis mia av', —
Konsiloj liaj — netuŝebla fundament',
  Kaj estis plene certa li pri sia prav',
  Ke revoj niaj donas forton al la sent'.
  Naiva rev' en jun' ne estis la problem',—
Mi agis ofte malgraŭ la logika fer'.
Forgesis mi, ĉu mi elektis tion mem,
  Aŭ iu iam igis vivi min sub ter'.
Kaj nun en mia subtera vivo
  Mi eĉ ne revas pri ripozo aŭ ferio.
  Kaj en eterna mallum' kaverna
  La verda stelo hele brilas antaŭ mi.

여기 내 주위에 영원의 돌만 있고,
 지방 풍속은 초록색을 반기지 않네,
 여기 지금 수많은 이가 방황하고-
 그들은 저 새까맣게 먼 곳에서 행복을 찾네.
 빛 없는 세상에서 우리는 공통의 발걸음.
 모두는 제 스스로의 빛으로 방향잡고
 놀랍게도 새 길동무가 저 지하의,
 우리 공동체의 혈투에 참여하네.
 왜냐하면, 우리의 지하의 삶에서
 우리는 휴식이나 휴가를 꿈꾸진 못해도
 또 영원한 동굴의 어둠 속에서
 초록별은 우리 앞에 밝게 빛나리.
 나는 계속 살아가네. 내 초록별이
 내 호사한 축제의 복장에 매단 배지일까?
 유쾌한 현 뜯음은 꼬냑 한 잔 마신 뒤에
 내 기타를 건드리지 않고
 또 지하에서의 내 두 발의 뚜벅거림은
 어둠 속에 나는 때로 꿈꾸고 잠꼬대하네 -
 동지여, 분명히,
 난 언젠가 땅 위로 올라갈 것은 분명해.
 왜냐하면, 우리 지하의 삶에서
 우리는 휴식이나 휴가를 꿈꾸지 못해도,
 또 영원한 동굴 어둠 속에서
 초록별이 우리 앞에서 밝게 빛나리.

Ĉi tie nur eterna ŝtono ĉirkaŭ mi,
 Koloron verdan ne aprobas loka mor',
 Ĉi tie nun amasoj vagas kaj eĉ pli —
Feliĉon serĉas ili en la nigra for'.
 Komuna ir' por ni en la senluma mond',
Sed ĉiu mem direktas sin laŭ propra lumo,
 Kaj kun mir' aliĝas nova kuniront',
 Baraktojn de l' subtera nia komunumo.
Ĉar en nia subtera vivo
 Ni eĉ ne revas pri ripozo aŭ ferio,
 Kaj en eterna mallum' kaverna
 La verda stelo hele brilas antaŭ ni.
Mi vivas plu. Ĉu estas mia verda stel'
 Nur insignet' sur mia luksa festa jak'?
 Gaja pluk' ne tuŝas jam la kordojn de l'
 Gitaro mia eĉ post dozo da konjak'.
 Kaj la frapad' de miaj paŝoj sub la ter',
En la obskur' mi foje revas kaj deliras, —
Kamarad', ja estas klara la afer',
 Ke iam sur, sur teron iam mi eliros,
Ĉar en nia subtera vivo
 Ni eĉ ne revas pri ripozo aŭ ferio,
 Kaj en eterna mallum' kaverna
 La verda stelo hele brilas antaŭ ni.

06. 리트의 발뒤꿈치

헌법이 모든 의사 표현의 자유를 보장하는 국가에서는 어떤 종류의 검열도 존재하지 않아야 한다. 그래서, 소련 연방에는 검열이 존재하지 않았다. 그럼에도, 러시아 속담이 있다: "신성한 자리는 빈 채로 남지 않을 것이다." 그래서, 공식적으로 "소련 언론에서 국가 비밀을 발설하거나, 전쟁 선전하거나, 민족주의 등을 내세우는 것을 내버려 두지 않으려고", 소련에서는 방대한 대중에겐 알려지지 않은 조직, 이름하여 "**리트(Lit)**"가 존재했다. 그것은 "**글라브리트(Glavlit)**"라는 이름으로 수도에 우두머리 기구를 두었다. 그 기관은 지방 행정기구 "**오블리트(Obllit)**" 들에 명령을 하고, 그들은 제각각 도시 행정기관 "**고르리트(Gorlit)**"들을 감독한다.

그 그물망은 다른 어떤 검열보다 더 엄격하게 기능했고, 모든 편집자는 그 그물망을 두려워했다. 왜냐하면, 활판인쇄로 발행된 것조차도 밤에 검열관인, 용서해요, 그 "**리트주의자(litisto)**"가 그 인쇄 예정 간행물의 해당 호를 되돌려 보내거나, 어떤 원고를 싣는 것을 불허하면, 편집부 당직자는 곧장 뭔가 "녹슬지 않을" 원고로, 즉, '상부로부터" 받은 준비된 것으로 곧장 대체해야만 했다. 그것을 나는 대학 학창시절에도 여전히 경험했다. 시내 청년신문사 외부 통신원으로 일하면서, 나는, 그 사이에, 그 청년신문사로 에스페란토 행사에 대해 충분히 많은 양의 원고를 보냈다.

06. La kalkano de LIT

En la ŝtato, kies Konstitucio garantias liberon por prezento de ĉiu opinio, ne devas ekzisti ia-ajn cenzuro. Do, ne ekzistis cenzuro en Soveta Unio. Tamen, diras rusa proverbo: "Sankta loko ne restos malplena". Do, oficiale "por ne allasi aperigon de ŝtataj sekretoj, propagandon de milito, naciismon ks en sovetia gazetaro", ekzistis en la lando nekonata por vasta publiko organizaĵo, nomata "Lit". Ĝi havis kapan instancon en la ĉefurbo, kun la nomo "Glavlit". Tiu ordonis al la regionaj instancoj, nomataj "Obllit", kaj ili siavice prizorgis la urbajn "Gorlit"-ojn.

Tiu araneo funkciis multe pli rigore ol ajna cenzuro, kaj timis ĝin ĉiu redaktoro, ĉar eĉ el tipografio nokte cenzuristo, pardonu, "litisto" povis sendi reen jam prespretan ĵurnalnumeron, aŭ malpermesi iun artikolon, kiun la redakcia dejoranto devis tuj anstataŭi per iu "nerustebla" materialo, provizata "desupre". Tion mi spertis ankoraŭ dum miaj studentaj jaroj. Estinte eksteretata korespondanto de urba junulara ĵurnalo, mi, interalie, foje donis tien sufiĉe larĝampleksan artikolon pri iu Esperanto-aranĝo.

그 원고를 받은 편집자는 잘 썼다며 칭찬하고는, 곧 -우리 신문의 다음 다음날 호에 -실릴 것이라고 말했다. 다음 날이면 나는 내 원고를 인쇄 예정본을 통해 실린 것을 확인하고, 그다음 날엔 나는 그 날짜의 새 신문을 살 것이다... 그런데, 당일 그 신문을 보니, 내가 작성한 기사는 같은 크기의 "상부로부터의" 원고로, 즉, 뭔가 식용 해초에 대한 기사로 대체되어 있었다. 담당 편집자는 나를 만나 주지도 않고, 부편집자는 나에게 그 "리트주의자(litisto)"가 갑자기 내 원고를 집어 던지는 바람에, 갑자기 그런 대체 기사를 찾아냈다고 했다. 더구나 그 뒤로는 그 편집자는 다른 주제의 내 원고는 받아 주었지만, 에스페란토에 관해서는 더는 받아 주지 않았다.

"리트(lit)"라는 그 낱말은 편집부원들의 사전에 편리하게도 자리를 잡고 있었고, 더구나 그것이 다양한 동사 활용이 되었다. 예를 들어, 원고를 **"리트시키다(litigi)"**라는 말은 -그것을 인쇄하려면 그 지역 검열관인 "리트책임자(litisto)" 서명을 받으라는 말이다. 그래서 에스페란토 원고들은 온전히 이상하게, 이해될 수 없을지라도 그런 서명을 받아야 했다. 바슈키리야 공화국의 청년 신문(Bashkiria junulara ĵurnalo)사에서 수차례 연속 소개된 에스페란토강습회 소식을 이젠 갑자기 "리트시키기(litigi)"로 했다. 스베르들로프스크(Sverdlovsk)[4]에서는 평화 관련, 평화를 위한 기사 내용 중에 에스페란토가 두 차례 언급된 이유로 그 기사는 내보내지 않았다.

---

4) 우크라이나 루간스크 주에 있는 도시.

La redaktoro laŭdis la materialon kaj diris, ke ĝi aperos tuj — en postmorgaŭa numero de la ĵurnalo. Morgaŭ mi vidis ĝin en pres-provoj. Postmorgaŭ mi aĉetis la freŝan ĵurnalon kaj... sur la loko de mia artikolo estis samdimensia "desupra" materialo, ŝajnas ke pri iaj manĝeblaj algoj. La redaktoro min ne akceptis, la vicredaktoro klarigis, ke nokte "litisto" subite forĵetis mian artikolon, kaj oni devis ŝvite serĉi ian ŝanĝon. Certe, la redaktoro ne plu prenis de mi ion pri Esperanto, kvankam alitemaj miaj artikoloj aperadis.

La vorteto "lit" oportune lokigis sin en la vortaro de redakciantoj, eĉ ĝi akiris diversajn verbajn formojn, ekzemple, "litigi" la matcrialon, signifis — ricevi subskribon de loka "litisto" por presi ĝin. Do, materialoj pri Esperanto estis "litigataj" tute strange, eĉ nekompreneble. Jen subite oni "litigis" Esperanto-kurson, daŭrigatan en multaj sinsekvaj numeroj de Bashkiria junulara ĵurnalo, jen en Sverdlovsk malpermesis pacan, eĉ porpacan artikolon pro duloke menciita Esperanto.

비슷한 이해될 수 없는 일들이 빈번해지고, SEJM의 연차 회의에서도 각 지역의 클루보 회장들이 보고하길, "우리 신문에 연차 보고 회의 기사를 3꼭지로 기사화하는 것을 허락했다"고 했다. 다른 회장은 불평하기를, "하지만 우리에겐 그런 기사도 내보내지 않았어요, 온전히 "리트(Lit)"가 불허했기 때문이었다." 나는 그 상황에 대해 많이 놀랐다. 왜냐하면, 대학 졸업 후 레닌그라드 인근 도시에서 일을 시작한, 나는 두세 개의 제법 큰 에스페란토, 청년 에스페란토 활동 등을 그 도시 신문에 자유로이 실어 왔기 때문이었다.

그렇게 독자로부터 좋은 반응을 받은 내 기사들로 인해 그 신문사에서는 나에게 에스페란토 연재 기사를 써주도록 요청했다; 그래서 나는 그것을 7회 연재하기로 하고, 제1회는 이미 게재되었다. 그런데 갑자기 편집장이 내게 전화해 더는 에스페란토 관련 원고를 준비하지 말라고 했다. 왜냐하면, 레닌그라드 검열관("Obllit")이 그 문제에 대한 이런 저런 기사를 내보내지 말라고 했단다. 나는 이미 원고가 다 준비해 놓았다고 고집을 피웠다. 나는 레닌그라드 검열국으로 차를 타고 가볼 강한 의지가 있었지만, 편집장은 그것은 -헛수고! 라고 조언을 해주었다. 그 검열("litigo")의 문제는 다시 반년 뒤 나에게 또 닥쳤다, (청년인 나로서는) 이젠 신문이나 정기간행물에만 그런 검열("litigo")를 하는 것이 아니라, 이미 인쇄소에서 필요 부수만큼 만든 다른 원고에도 그런 검열을 하고 있음이 분명해졌다.

Similaj eksterkompreneblaĵoj abundis, kaj, venante al ĉiujaraj konferencoj de SEJM, — klubaj aktivuloj raportadis: "En nia ĵurnalo oni permesis dum la raporto-jaro aperigi tri artikoletojn". Aliaj plendis: "Sed ĉe ni oni eĉ ne akceptas la artikolojn, dirante, ke tutegale "Lit" ne permesos". Mi multe miris al tiu situacio, ĉar, eklaborinte post la studado. en apudleningrada urbeto, mi libere publikigis du aŭ tri nemalgrandajn artikolojn pri Esperanto, pri agado de junaj esperantistoj ktp en la urba ĵurnalo.

Post tiuj multreeĥaj materialoj la ĵurnalo mendis al mi serion da artikoloj pri Esperanto; mi planis, ke ili estos sep, kaj la unua jam estis aperinta. Sed subite la redaktoro telefonis al mi, kaj diris, ke mi ne verku pliajn artikolojn, ĉar la inspektoro de "Obllit" el Leningrado malpermesis publikigi ion-ajn pri la problemo. Mi protestis, dirante, ke mi jam havas pretajn materialojn. Mi eĉ havis fortan deziron veturi al la cenzurejo en Leningradon, sed la redaktoro malkonsilis — vana afero! La problemo de "litigo" denove tuŝis min post duonjaro. Evidentiĝis (por mi, junulo) ke oni devas "litigi" ne nur gazetojn kaj ĵurnalojn, sed ian-ajn tekstojn, multobligatajn en presejo.

에스페란토-클루보를 조직하면서 시립 문화궁전 (Kulturpalaco)의 친절한 대표의 후원을 받아, 우리는 해당 학년에 맞는 아주 흥미로운 프로그램을 준비했다. 그 프로그램에는 강연, 저녁에 즐길 만한 내용, 다른 도시의 에스페란티스토들과의 만남, 에스페란토 강좌들이 들어 있었다. 프로그램의 각 페이지에 명사들의 이런저런 에스페란토 찬사들로 꾸몄다. 그 대표가 우리가 마련한 원고를 읽어보더니, 열정적으로 500부나 1,000부 인쇄하길 희망했다. 우리는 그 아이디어에 공감하고는 모든 SEJM -회원 클루보에 그 인쇄물을 보내 문화궁전 홍보도 더 잘 해 주기로 약속했다. 그 대표도 만족했다.

 그런데, 얼마 되지도 않았다. 며칠 뒤, 그 대표가 나를 부르더니, 검열기관("lit")이 이 프로그램에 설명해 주지도 않고서 발간에 대한 허락 서명해 주지 않는다고 알려 주었다.

-만일 당신이 원한다면, 한 번 그 일을 직접 알아보세요. 대표는 친절하게 허락했다. 그 수수께끼는 나를 화나게 했고, 나는 그걸 직접 알아보기로 했다.

   내가 맨 먼저 찾아간 우리 시당위원회에서... 그럼에도 왜 이름하여 당대표들에게 가지 않았는가?

Organizante Esperanto-klubon ĉe la urba Kulturpalaco, patronataj de ties afabla direktoro, ni preparis tre interesan programon de laboro por la lernojaro. La programo enhavis titolojn de planataj prelegoj, distraj vesperoj, renkontiĝoj kun aliurbaj esperantistoj, ankaŭ horaron de E-kursoj. Ĉiun paĝeton de la programo kronis eldiro pri Esperanto de tiu aŭ alia famulo. Estis antaŭvidataj ankaŭ vojaĝoj de la klubanoj al diversaj esperantistaj aranĝoj.la afabla direktoro bonvolis preni la manuskripton, arde dezirante presi la programon en 500 aŭ eĉ mil-ekzemplera kvanto. Ni salutis tiun ideon kaj promesis fari bonan reklamon por la kulturpalaco per sendo de la presota programo al ĉiuj SEJM-kluboj. La direktoro estis kontenta. Ve, nelonge. Post kelkaj tagoj li vokis min por anonci, ke "lit" ne subskribas la programon, sen klare mencii la kaŭzojn.

— Se vi volas, okupiĝu mem pri tio, — amike permesis li. La enigmo finfine kolerigis min, kaj mi komencis propran esploradon.

En nia urba partia komitato, kien mi venis unuavice... Tamen, kial mi venis nome al la partiestroj?

정말, 두 가지 이유가 있었다. 먼저, 공산당 지도기관들이 이 같은 상황에서 가장 정보를 많이 받는 기관이고, 그다음이 아마 **국가보안위원회**(Komitato de Ŝtata Sekureco)일 것이다; 둘째로, 나는 그곳에 원인이 있다고 생각했다. 그러나, 나를 좀 공감하는 그 지역 고위당직자는 나를 기쁘게 해 주지 않았다.

-우리 도시에서 우리는 고유의 검열관("litano")이 있어요. 그는 레닌그라드에서 여기로 매주 2차례씩 옵니다, - 그는 말했다. -그래서 오직 그곳에서 당신은 허락받을 수 있습니다.

나는 내 직장 상사에게 월요일 말고 토요일에 일하게 해달라고 업무 일정을 바꿔줄 것을 요청하고는 월요일 이른 아침에 나는 스몰니이(Smolnij*)에 이미 가 있었다. 정문 출입구에는 군인이 나의 당원증을 유심히 살펴보고는 길을 내어 주었다. 유명 복도들을 지나서, 나는 15분 정도 길을 헤매다가 필요한 출입문을 찾아냈다. 그 안에 들어서니, 안경을 쓴, 좀 살찐 여성이 지루한 듯 앉아 있었다. 나는 그녀에게 내 방문 목적을 설명했다. 그러자 그녀는 더욱 지루해했다.

-이보세요, 청년, 당신의 귀한 시간을 잃지 마세요, -그녀가 말을 꺼냈다. -온전히 에스페란토는 아무 전망이 없어요. 더욱이, 그것의 보급은 러시아어, 우리의 공산국 언어의 의미를 낮추게 됩니다. 그 이야기를 당신 기관에서는 알려주지 않던가요?

Verŝajne, pro du kaŭzoj: unue, la komunistaj gvidorganoj estis la plej informita instanco en simila situacio, post, eble, la Komitato de Ŝtata Sekureco; due, mi havis la opinion, ke la radikoj estas tie. Sed, iom simpatianta min loka altpostenulo ne ĝojigis min.

— En la urbeto ni ne havas propran "litanon"; tiu venas dufoje en semajno el Leningrado, — diris li. — Do vi povas ricevi la permeson nur tie.

Mi petis mian estron doni al mi laboron por sabato anstataŭ lunde, kaj lunde, frumatene mi estis jam ĉe Smolnij∗. Soldato ĉe la ĉefa enirejo atente prikontrolis mian partian membrokarton kaj liberigis la vojon. Tra famaj koridoroj mi vagadis dum kvaronhoro, ĝis kiam estis trovinta la necesan pordon. Trans ĝi sidis graseta, enuanta virino kun okulvitroj. Mi klarigis al ŝi la kaŭzon de mia veno. Ŝi ekenuis iom pli.

-Junulo, ne perdu vian valoran tempon, — komencis ŝi, — tutegale Esperanto havas nenian perspektivon. Des pli, ĝia disvastigo malpliigas signifon de la rusa, nia komunŝtata lingvo. Ĉu oni ne instruis tion al vi en instituto?

-용서하십시오, -나는 대답하고는, -저희 기관에서는 아무 비슷한 말을 듣지 못했고, 저는 온전히 다른 의견을 갖고 있는데, 제가 말씀을 더 해도 되나요? 저희 클럽 프로그램에 서명해 주시기만 하면 되는데, 요청을 다시 드립니다.

-서명은 못 해 줍니다, 브론슈테인 동무! -그녀는 자신의 지루함을 분노로 대신했다. -나는 누가 동무를 스몰니이(Smolnij)로 보냈는지 이해가 되지 않아요. 아마 그 당신의, 흠...당신에게 온전히 쓸데없는 클럽을 조직하도록 허락한 문화국의 그리 현명하지 못한 대표이겠군요... 더구나 나는 내가 기관("Lit")의 일과는 아무 연관된 업무를 하지 않음을 알려 드립니다. -그 기관('Lit')은 온전히 독립 기관입니다. 이제 그만 가보세요!

-내게 지방검열기관("Obllit") 주소를 알려 주십시오! -나는 요청했다.

-내가 그걸 알려줄 권한이 없네요. -그녀는 대답하고는 자신의 안경을 창가로 향했다.

...나는 어찌하여 지방검열기관 소재지를 알게 되었는지는 말하지 않겠으나, 나는 그곳에도 가 봤다. 내가 놀랍게도 그곳에선 어떤 경비원도 없었고, 출입문에 없었고, 달혀 있기도 않았다.

그래서 나는 그 안으로 들어갔다. 남자 셋이, 중년은 더 되어 보이는 남자 셋이 자신의 책상에서 눈을 들었다. 대표로 보이는 이가 질문했다:

-어느 편집부 소속인가요?

내가 당신을 본 기억이 없는데.

-Pardonu, — respondis mi, — en la instituto mi nenion similan aŭdis, kaj mi havas tute alian opinion, ĉu mi rajtas? Mi petas vin nur subskribi la programeton de nia klubo. Tion postulas "Lit".
- Nenion mi subskribos, kamarado Bronŝtejn! — Ŝi anstataŭis la enuon per indigno. — Mi ne komprenas, kiu sendis vin al Smolnij? Eble tiu via, hm... ne tre saĝa direktoro de Kulturpalaco, kiu permesis al vi organizi tute sentaŭgan klubon... Cetere, mi diris, ke mi nenian rilaton havas al la aferoj de "Lit" — ĝi estas tute sendependa organizaĵo. Ĉion bonan!
- Bonvolu almenaŭ doni al mi la adreson de "Obllit"! — admonis mi.
- Mi ne rajtas tion fari, — respondis ŝi kaj turnis la okulvitrojn al fenestro.

... Mi ne rakontu, kiel mi trovis la sidejon de "Obllit", sed mi venis tien. Al mia miro, nenia gardisto estis ĉe la pordo, ĝi eĉ estis nefermita, do mi eniris. Tri viroj, pli ol mezaĝaj levis la okulojn de skribotabloj. La ĉefecaspekta demandis:
- El kiu redakcio vi estas, knabo? Mi vin ne memoras.

-저는 편집부에서 온 것이 아니라 지방 문화의 집 (provinca kulturdomo)에서 왔습니다...- 나는 그에게 타이핑된 서류를 제시했다.

그는 유심히 내가 가져간 서류의 앞의 2페이지를 검토하고는, 여분의 것도 넘겨보더니, 그 프로그램 자료를 내게 다시 돌려주었다.

-나는 그것을 서명 동의("litigi")할 수 없습니다.

-이게 뭔가 아주 위험한 건가요? -천연스럽게 내가 물어보았다. -저는 방금 스몰니이에 다녀 왔습니다. 그곳의 선전국 여성 부대표가 당신만 이것에 서명할 권한이 있다고 해서!

-아하, 당신은 이미 그 사람을 방문했군요... -머리가 벗겨진 그 책임자가 말했다. -그럼, 만일 당신이 그만큼 고집을 피운다면, 내가 당신에게 설명하리다. 이게 우리가 주목해야 하는 낱말입니다. -그는 손바닥으로 두꺼운 서류함을 두들겼다. -이곳에 "에스페란토"라는 말도 들어 있습니다. 만일 그 옆에 "불허한다고" 써져 있다고 하면, 모든 것은 분명합니다. 젊은이. 하지만 여기는 1938년부터 "추천하지 않음!"이라고 써 있네요. 그래도 우리가 몇 번 서명해 주었지만, 더는, 안됩니다.

-당신으로서는 오늘 한 번 더 작게 "예"라고 동의해 주시는 것이 어렵지 않겠지요? -내가 간청했다.

-아, 당신은 용감한 소년이군요.- 그는 잠시 웃고는, 다른 두 사람도 마찬가지로.

- Mi ne estas el redakcio, mi estas el la provinca kulturdomo... — mi donis al li la tajpitan programon.

Li atente trarigardis unuajn du paĝetojn, foliumis la ceterajn kaj redonis la programeton al mi.
- Mi ne povas tion "litigi".
- Ĉu estas io tre danĝera? — naivetis mi, — mi ĵus estis en Smolnij, tie vicestrino de la propaganda fako diris, ke nur vi rajtas subskribi!
- Aha, vi jam vizitis tiun... — murmuris la kalveta ĉefo. — Nu, se vi estas tiom obstina, mi klarigos al vi. Jen estas la vortoj, kiujn ni devas atenti, — li manplate frapetis dikan aktujon, — tie estas ankaŭ la vorto "Esperanto". Se apud ĝi estus skribita "ne permesi", ĉio estus klara, junuleto. Sed tie ĉi ekde la jaro 1938 staras — "ne rekomendi"! Do ni foje subskribas, sed plifoje — ne.
- Ne malfacilas do por vi fari hodiaŭ unu malgrandan "jes", ĉu ne? — petis mi.
- Ha, vi estas simpatia knabo. — Li ridetis, aliaj du same.

-그러나 만일 내일 레닌그라드로 어느 유명 과학자가 방문해, 에스페란토에 대하여 뭔가 말하면, 신문들이 이를 받아 적을 것이고, 나는 서명해야 합니다. 그런데 나는 이미 오늘 당신 서류에 서명을 했습니다! 만일 내가 자주 '에스페란토'라는 낱말을 허락해 준다면, 당신의 스몰니이의 그 지인이 나에게 전화해서 비난하게 됩니다....

 나는 그에게 그들이 서로 독립기관이라고 말하기엔 부적절함을 알았다. 그렇게 하는 대신에 나는 나의 천연덕스러움을 이어갔다.

-어느 지방 클럽도....아무도 알지도 못할 겁니다!

다시 모두 웃었고, 나도 상냥하게 웃었다.

-이제 내가 청년인 당신에게 조언하는 겁니다. -그 책임자는 말했다. -이제 그만 이곳에서 나가시오. '에스페란토'라는 낱말을 집어 던져요, 그러면 내가 당신 프로그램에 서명("litigos") 해 주겠어요.

-그럼, "국제어"라고 바꾸면 허락해 주시겠어요? -반짝이는 아이디어가 나를 붙잡았다.

-그러면 권한이 있습니다. 권한이 있지요. -그 책임자는 웃었다.

...분명히 나는 당시 내가 그 터부시하는 낱말들을 즉시 없앤 그 타이핑 문건을 간직하고 있지는 않았기에, 그 터부시 안 해도 되는 낱말로 대체 기입하고는, 필요한 서명과 도장 자국을 남겼다. 그러나 그 인쇄된 프로그램 샘플은 내 집의 그리 깊은 곳이 아닌 곳에 놓여 있다. 한번은 내가 그것을 나의 다섯 살 난 아들에게 보여주고는 물어보았다:

— Se morgaŭ Leningradon vizitos iu fama sciencisto, diros ion pri Esperanto, ĵurnalistoj notos, kaj mi devos subskribi. Sed mi jam hodiaŭ subskribis vian paperon! Se mi ofte permesas la vorton "Esperanto", min telefone insultas via konatulino el Smolnij...

Mi trovis nekonvena diri al li, ke ili estas sendependa organizaĵo. Anstataŭ tio mi daŭrigis mian naivadon:
— Iu provinca klubeto... Neniu eĉ ekscios!
Denove ĉiuj ekridis, ankaŭ mi afable ridetis.
- Jen kion mi konsilos al vi, knabo, — diris la ĉefo, — forĵetu de ĉie la vorton "Esperanto" kaj mi "litigos" vian programeton.
- Ĉu la vortojn "internacia lingvo" vi rajtas permesi? — kaptis min brila ideo.
- Rajtas, rajtas... — ridetis tiu.

... Certe, mi ne konservis la tajpitaĵon, kie mi tuj forstrekis la tabuajn vortojn, kaj enskribis la maltabuajn, ricevinte bezonatajn subskribon kaj sigelspuron. Sed ekzemplero de la presita programeto kuŝas en mia hejmo ne tre profunde. Iam mi montris ĝin al mia kvinjara filo kaj demandis:

-아들아, 너는 "국제어"를 대신하는 말이 뭔가요?
-에스페란토. -나의 현명한 아들은 말했다.
...말도 안돼....

내 주변의 눈밭에도 봄이 왔네
깨어나려고, 참회하려고 기도하기 위하여.
축제들 사이에서 나날이 달아나네.-
들어보게, 친구여 -나는 떠나가네
아마 내가 선의를 선의로 바꾸고
과자를 절반 이상을 먹었네....
온전히 부끄럼 없이 관자놀이는 희끗하네-
삶이 있고
과자는 향기롭네,-
그럼, 뭘 하지,
내 친구들이여!
한번은 운명은 나를 강하게 때렸네.
그래도 고집스레 나는 그 날것의 악의로부터,
흔들리는 승리에서 벗어났네.
친구들, 그대에게, 밝은 모임은
눈물 속에 고리 걸어 불평할 목적이 아니고-
우리는 모두 비난하면서-
관습, 비웃음과 찌름 사이에서 살아가네.
나는 그대들의 존재에.
그대들의 성실에.
그대들의 기억에
감사하네, 친구들이여!

— Kion vi dirus anstataŭ "internacia lingvo"?
— Esperanto, — respondis mia saĝuleto.
... Absurdo...

Venis printempo al miaj neĝoj
 Por la vekiĝo, pentoj kaj preĝoj.
 Inter la festoj tagoj forkuras, —
Audu, amikoj, — mi forveturas.
 Eble mi ŝanĝis bonon al bono,
 Kukon formanĝis super duono....
 Tute senhonte grizas tempioj, —
Estas la vivo
 Kuko aroma, —
Do, kion fari,
 Amikoj miaj!
Foje l' destino batis min forte,
 Sed en obstino mi iris for de
 Kruda malico, triumpo ŝancela,
 Al vi, amikoj, la rondo hela,
 Ne por en ploro ekplendi kroĉe, —
Ĉiuj ni fartas ne senriproĉe, —
Inter kutimoj, mokoj kaj pikoj
 Mi vian eston,
 Vian sinceron,
 Vian memoron
 Dankas, amikoj!

그리 많게 그리워 말게, 나도 -그리 할게.
일만 킬로미터 떨어진 채 기다림을 넘어
우리를 연결하는 것은 언제나 기억뿐:
순진한 기쁨, 추위와 꽃들.
운명은 그리운 사람을 주고,
축제는 우리의 거리로 오네.
언젠가 다시 모이리라, 그리고
포도주 마시고
노래를 부르고
말하며 즐거워하리라.
내 친구들이여!

이 땅 어디선가 노래가 들리고
내게 가장 소중한 이 언어의 노래가.
이 땅 어딘가에 그 나라가 있으리라.
나는 일 년 내내 그걸 꿈꾸었네.

사랑하는 나라여, 그대에게 가네.
사랑하는 나라여, 그대에게 달려가네,
사랑하는 나라여, 그대에게만.
사랑하는 나라여, 그대는 나의 야영 텐트장.

야영 텐트의 초록 지붕 아래 어딘가에
유쾌하고 마음씨 고운 국민이 살고 있네.
그곳은 할 일이 격류처럼 기다리고
축제의 기쁨, 섬세한 위로.

Ne tro sopiru, ankaŭ mi — ne tro
Trans la atendo dekmilkilometra
Ligos nin ĉiam la rememoroj:
Ĝojoj naivaj, frostoj kaj floroj.
Donos la sorto la sopiraton,
Venos la festo en nian straton.
Iam denove kunvenos ni, kaj
Trinkos la vinon,
Kantos la kantojn,
Ĝuos parolon,
Miaj amikoj!

Ie sur tero eksonos la kant'
En la lingvo, plej kara por mi.
Ie aperos sur tero la land'
Tutan jaron mi revis pri ĝi.

Iras al vi, amata land',
Kuras al vi, amata land',
Nure al vi, amata land',
Nia tendaro, amata land'.

Tie en tendoj, sub verda tegment'
Loĝas gaja, bonkora popol'.
Tie atendas labora torent',
Festa ĝojo, tenera konsol'.

열정은 푸른 저녁을 에워싸고
여러 목소리가 들리고 불꽃은 춤추네...
이 나라에서 그대는 사랑을 생각하고
사랑은 오리라 -이 땅의 가장 밝은 곳에.

불꽃에서 염원의 반짝임이 다시 오고,
우리는 말하네 -잘 있어, 우리 야영 행사여!
모두는 울먹이고, "자기네 사투리"로도
한 해 동안 이 언어 제대로 배우리 다짐하네.

그리고- 사랑의 나라로, 그대에게 가리라.
사랑하는 나라여, 그대에게 달려가네,
사랑하는 나라여, 그대에게만,
사랑하는 나라여, 에스페란토 나라여,

Bluan vesperon karesas la flam',
Sonas voĉoj kaj dancas fajrer...
Se en ĉi-lando vi pensas pri am',
Amo venos — plej hela sur ter'!

Venos de l' fajro sopira rebril',
Diros ni: — Ĝis revido, tendar'!
Ĉiuj ploretos, kaj eĉ "krokodil' "
Ĵuros lingvon ellerni dum jar'.

Kaj — iros al vi, amata land',
Kuros al vi, amata land',
Nure al vi, amata land',
Esperantujo, amata land'!

07. 아, 세이트여!

 BET가 SEJT라는 이름으로 바뀐 때가 1967년이었고, 발트(Baltio) 나라에서 오랫동안 멀어져 있었다. 매년 여름 중반에 우리 영광의 에스페란토계는 다시 태어나, 10일간 우리를 아주 먼 곳으로 부른다. -시베리아로, 중앙아시아로, 카우카즈 너머의 고산지대로. 왜냐하면, 그곳에 친구들이 모였다. 내가 여러 해 강습을 지도한 결과, 에스페란토-야영행사에 가본 강습 수료생이, 같은 수료생이면서도 그런 국제 행사에 참관하지 않은 이들보다 3배로 더 자주 열렬한 에스페란티스토로 변하게 됨을 알았다. 에스페란토 나라에 확신하게 되고 매료된다. 에스페란토 나라에서는 교육하고, 친구를 만들고, 말을 하게 만들고, 노래를 부르게 만들고, 때로는 결혼하는 커플도 생기게 만들어 주기도 했다.
 수많은 아이가, 거의 어릴 때부터, 매년 열리는 에스페란토 행사에서 교육을 받고, 지금 청년 활동가가 되어 에스페란토 나라를 방문하게 된다. 시인이나 음악가라면 모두 적어도 1년에 한 번 정도 에스페란토 나라를 방문하고 나면 그 에스페란토 나라를 칭찬하게 된다.
 그런데 에스페란토 나라를 싫어한 이들은 권력자였다, 아, 얼마나 싫어하는가! 에스페란토-클루보들은 지역에서 고립된 채 활동하고 있다; 편지를 통한 접촉은 에스페란토 소식에 충분한 접근을 다는 못하고, 진정한 우정도 다는 나누지 못한다. 에스페란티스토들의 모임이야말로 우리 운동을 활발하고도 조정된 운동을 더욱 벼려 준다.

07. Ho, SEJT!

Estis 1967, kiam BET ricevis la nomon SEJT kaj por longe foriris el Baltio. Ĉiujare en mezo de somera sezono renaskiĝis nia glora Esperantujo, por deko da tagoj vokante nin eĉ al tre foraj lokoj — al Siberio, al Mezazio, al Transkaŭkazaj pitoreskaĵoj. Ĉar tie kolektiĝis amikoj. Multjara sperto de instruado konvinkis min, ke la kursfininto, kiu vizitis Esperanto-tendaron, iĝis fervora esperantisto trioble pli ofte ol fininto de la sama kurso, ne vizitinta Esperantujon. Esperantujo konvinkis kaj ensorĉis. Esperantujo edukis, amikigis, paroligis, kantigis, eĉ geedzigis. Multaj infanoj, edukataj en la ĉiujara Esperantujo preskaŭ ekde la naskiĝo, nun vizitas la Esperantujon, kiel junularaj aktivuloj. La Esperantujon prikantis tiel aŭ aliel ĉiu poeto, ĉiu kantisto, vizitinta ĝin almenaŭ unu fojon.

Ne ŝatis la Esperantujon potenculoj, oĥ, kiel ne ŝatis! E-kluboj agis surloke, izolite; perleteraj kontaktoj donis nek plenan informitecon, nek amikecon veran. Amasiĝo de esperantistoj forĝis aktivan, koordinitan movadon.

분명. 그래서, 유명 에스페란티스토들과 "에스페란토 위에 앉아 있는 사람들"은 새로운 "상부"에 인사하면서 이렇게 말하기도 한다.(1992년 1월호 <Moskva Gazeto>를 보라) 그들은 공공기관으로부터 뭔가 방해, 허가 안 됨, 반대 같은 것을 받은 적이 없다고들 말한다. 그들 고유의 양심이 이 기억의 놀라운 "초기화(처녀가 됨)"를 판단하라. 나는 기억하고 있다. "무책임한" 동무의 거만함과 배신을. 베레쉬차기나(Vereshchagina) 여성 동지의 죽음을. 그녀가 심장마비 충격을 받은 것은 이미 준비된 SEJT 행사를 갑자기 불허한 노보시베리아(Novosibirska) 공무원을 방문한 직후 일어난 일이다. SEJT 조직원들에 대한 국가보안위원회(KŜS*)[5]의 즉각적인 반응. 등등.

이 모든 것에도 불구하고 그 행사를 준비하려는 청년들이 많았다. 왜냐하면, 진짜 기쁨은 그 행사에 참관하는 것이고, 두 배의 기쁨은 -그 행사를 주관하는 것이었다. 그런 행사와 관련된 모든 불쾌한 일과 어려움에도 불구하고.

나는 10여 차례의 SEJT 행사에 참관했고, 그중 3차례는 이렇게 저렇게 조직하는 일에 동참했다. -그들 모두가 특별한 전설이다.

---

5) 역주: 소련 국가보안위원회(KGB)는 1954년~1991년 존재했던 소련 정보기관. 1954년 소련 내무부 소속에서 장관회의 소속 독립기관으로 독립했다. 첩보, 방첩, 정보 수집 및 정치경찰의 임무를 수행했으며, 법무기관이나 사법기관의 동의 없이 독자적으로 수사, 체포할 수 있는 권한이 있었다. 1991년 8월 쿠데타 실패 이후 중앙정보국(LICP)을 거치면서 각 공화국별로 해체되었다.

Certe, do, riverencis al la nova "supro" niaj famaj esperantistoj kaj "sidantoj sur Esperanto", dirante (vidu "Moskvan Gazeton", 1, 1992), ke ili ne memoras iun malhelpon, malpermesadon, oponon flanke de oficialaj instancoj. Tiun ĉi mirindan "virginiĝon" de la memoro juĝu ilia propra konscienco. Mi memoras. La arogon kaj perfidon de la kamarado "senrespondeca". La morton de la samideanino Vereŝĉagina — ŝia koratako okazis post vizito al Novosibirskaj oficialuloj, kiuj subite malpermesis la jam preparitan SEJT-on. La tujajn reagojn de KŜS∗ al la organizantoj de SEJT-oj. Ktp, ktp.

Malgraŭ ĉio multis la dezirantoj fari tiun aferon, ĉar vera ĝuo estis partopreni tendaron, sed duobla ĝuo estis —organizi ĝin. Spite al ĉiuj malagrablaĵoj kaj malfacilaĵoj, ligitaj kun la afero. Mi partoprenis pli ol dekon da SEJT-oj, tri el tiuj mi tiel aŭ aliel kunorganizis, — ĉiu el ili estas aparta legendo.

나에게 가장 기억에 남는 행사는 리투아니아에서 열린 'SEJT-9 야영행사'로, 내가 자발적으로 가본 첫 행사였다. 가장 어렵고 일이 많았던 행사가 -이봐노프 인근에서 열린 'SEJT-22 야영행사'였다. 가장 사랑이 많았던 행사는... 가장 모험적인 행사는... 가장 나쁜 행사는 내가 이름을 정하진 못하겠다. 왜냐하면, 그런 조직적인 면에서의 부족함, 다양한 나쁜 의도의 사람들과 불쾌한 일에도 불구하고, 나는 이렇게 반복해 말하고 싶다. -SEJT 야영행사는 친구들의 모임이고, 그래서- 언제나 기뻤다. 그러나 오늘은 내겐 최고였던 티흐빈(Tiĥvin)에서 열린 'SEJT-18 야영행사'에 대해 말하고 싶다.

1975년 최종 확인된 SEJT 정관에 따르면, SEJT의 클루보-마스트로(KM: 행사 준비기관) 후보가 되려면 계획된 행사가 있기 2년 전에 알려야 한다는 것이다. 걱정도 하고 주저도 하며 티흐빈 에스페란토-클루보는 그럼에도 1974년의 SEJM-회의 동안 이를 실행에 옮겼다. 그 정관에 합당하게. 우리의 작은 걱정은 우리 시인 티흐빈엔 경험 있는 에스페란티스토들이 많지 않다는 의식 때문이었다. 그래서 다음해에 벌써 우리는 사람들을 교육했다. 그 교육을 위해 우리 시의 '문화의 집'에 에스페란토 강습회를 조직했다, 그 강습 수료생들이 지역 준비 위원회의 아주 좋은 인적 자원이 되었다.

La plej memorinda por mi estas la unua, kien mi venis memstare, — SEJT-9 en Litovio. La plej malfacila, laborplena — SEJT-22 apud Ivanovo. La plej amoplena... La plej aventura... Nur malbonan tendaron mi ne povas nomi. Ĉar, spite al organizaj mankoj, spite al diversaj aĉuloj kaj aĉaĵoj, mi ripetu — SEJT estis kunveno de amikoj, do — ĉiam ĝua. Sed hodiaŭ mi rakontu pri la plej mia, pri la Tiĥvina SEJT-18.

La regularo de SEJT, finkonfirmita en 1975, postulis, ke kandidatoj por la Klubo-Mastro (KM) de SEJT anonciĝu du jarojn antaŭ la planata tendaro. Tiĥhvina E-klubo kun ioma timo kaj hezito, tamen faris tion dum SEJM-Konferenco en 1974. Plenkonforme al la Regularo. La timetoj niaj devenis nur el la konscio, ke spertaj esperantistoj ne multis en Tiĥvin. Dum la unua sekvonta jaro, do, ni edukis homojn. Tiucele estis organizita kurso ĉe la urba kulturdomo, kies kelkaj finintoj iĝis bonegaj anoj de la loka prepara komitato.

1975년 연례 SEJM-회의에서 티흐빈 에스페란토 클루보 회장 알렉산드로 코간(Aleksandro Kogan)이 제안한 준비제안서들을 검토하고, 'SEJT-18' 야영행사와, 1976년에 10주년을 맞는 SEJM-회의의 클루보-마스트로(KM)로 우리 클루보를 지명했다. 이제부터 전체 SEJM을 통해 관습적으로 주관되는 진짜 준비작업과, 긴장된 준비과정이 진행되고, 분명히, 지역에서 준비한다.

 전반적으로 SEJM 행사를 위한 준비 과정은 매끄럽게 진행되었다. SEJM-위원회는 잘 갈무리해서, 다가올 10주년 회의를 위한 프로그램을 세련되게 만들어 갔다. 내가 SEJT 행사의 총 책임 위원을 맡았는데, 나는 SEJT의 많은 업무를 진행하기를 원하는 유능한 사람들을 전국에서 찾았다. 많은 페이지를 가진 『야영행사(Tendarano) 안내서』출간도 준비했다. 이 책자 안에는 보통의 세계 에스페란토대회의 '대회책자'에 들어가는 소식 정보 외에도 티흐빈의 유명 사전학자 블라디미르 가칼렌코(Vladimir Gakalenko)가 아주 재능있게 편찬한 여행자를 위한 에스페란토-러시아어 사전을 집어넣었다. 이 사전은, SEJM-회의와 동시에 초보자로 여행하는 이들을 위한 여행 안내서로(처음으로) 준비된 '말 익히는 기간'(Paroliga Periodo: PP)을 위해 준비되었다. 똑같은 행사를 위해 경험 있는 강사들과 여행 가이드들이 세심하게 준비에 참여했다. 이제 그 행사 자체의 프로그램이 대체적으로 완성되었다. 각 클루보로 첫 행사안내서가 발송되었고, 사람들은 참가 신청하기 시작했다.

En 1975 vica SEJM-Konferenco, taksinta la argumentojn, kiujn prezentis la prezidanto de Tihhvina E-klubo, Aleksandro Kogan, konfirmis nian klubon kiel KM de SEJT-18 kaj de la 10-a jubilea SEJM-Konferenco por 1976. Jen tiam komenciĝis vera laboro, streĉa preparado, farata kutime tra tuta SEJM kaj, certe, surloke. La tut-SEJM-aj preparoj moviĝis glate. SEJM-komilato forĝis kaj poluris zorge la programon por la jubilea konferenco. La komitatano, respondeca pri SEJT, kiu estis mi, serĉis tra la tuta lando homojn, kapablajn kaj dezirantajn plenumi multegon da tendaraj laboroj. Prespretiĝis ampleksa "Libro por tendarano", kiu, krom la informoj, kutimaj ekzemple por kongresaj libroj de UK-oj, enhavis ankaŭ turistan Esperanto-rusan vortaron, kompilitan tre talente fare de la fama tihhvina terministo Vladimir Gakalenko.La vortaro estis destinata por la Paroliga Periodo (PP), aranĝata (ankaŭ la unuan fojon) kiel turista marŝo komencantara samtempe kun SEJM-Konferenco. Por la sama aranĝo zorgeme preparis sin spertaj instruistoj kaj turismaj gvidantoj. Estis jam nete kompilita la programo de la tendaro mem. Iris al la kluboj la unua informbulteno, do, homoj komencis aliĝi.

그만큼 많은 참가신청을 우리는 기대하지 않았지만, 'SEJT-18 야영행사'에는 가장 많은 숫자의 참가자를 갖는 행사가 될 것으로 전망이 되었다!

지역에서는 이 과정에서 모든 것은 거의 매끄럽게 지나갔다. 티흐빈 준비위원들은 아주 적당한 장소로 -"베레이조크(Berejok)" 선구자 야영장을 찾아냈고, 에스페란토 교재를 그곳의 여성 책임자에게 선물로 전하고, 몇 명의 "수보트니크들(subotnikoj"*) -행사장 청소, 보트를 이용해 저 미친 봄날의 강을 통과해 감자나 다른 식량을 공급해 줄 사람들 -이 필요했고, 그 행사장의 지정 구좌로 일정 금액을 입금했다. 한 마디로 -8월에 청년 선구자들의 행사가 끝난 직후 그 행사장 건물들을 다 채우는데 필요한 모든 것은 다 준비해 두었다.

우리 시당위원회의 제2비서도 우리가 전한 그 행사 정보를 공유하고 있었고, 그 안에는 아무 의심할 만한 것은 찾아볼 수 없었기에, 나중에 그 행사를 레닌그라드 지방 당 위원회에 선전해 볼 결심도 했다. 그런데 그것이 잘못된 발걸음이었다!

캄챠카, 중앙아시아, 우크라이나, 시베리아, 우랄과 발트, 카우카즈와, 분명히, 중앙 러시아는 이미 레닌그라드행 티켓을 예매했고, 참가자들 분석과 '말하기 기간' 행사 참가자들의 그룹별로 만들기가 거의 끝날 6월, 6월 말 가까운 시점에 예기치 않은 사건이 일어났다.

어느 날씨가 좋았던 날에, 우리(나와 코간(A. Kogan))는 시 당위원회로부터 호출받았다.

Tioman amason da aliĝoj ni ne atendis, SEJT-18 promesis iĝi la plej multenombra tendaro!

Surloke ĉio pasis kvazaŭ same glate. Tihhvinanoj trovis tute konvenan lokon, nome — la pioniran tendarejon "Berejok", donacis lernolibron de Esperanto al ties estrino, organizis kelkajn "subotnikojn"∗ por purigi la tendarejon, ankaŭ por transporti boate terpomojn kaj aliajn provizaĵojn trans la freneza printempa rivero, enmetis al la banka konto de la tendarejo cerlan sumon, unuvorte, — faris ĉion bezonatan por okupi la tendarajn konstruaĵojn tuj post forveturo de junpioniroj en aŭgusto.

Ankaŭ la dua sekretario de la urba partia komitato estis informita de ni pri la estonta aranĝo, trovis en ĝi nenion suspektindan kaj poste eĉ decidis fanfaroneti pri ĝi en la Leningrada provinca partia komitato. Jen estis la mispaŝo! Junie, pli proksime al fino de la monato, kiam la tendarontoj de Kamĉatko, Mezazio, Ukrainio, Siberio, Uralo kaj Baltio, Kaŭkazio kaj, sendube, Centra Rusio jam mendis biletojn al Leningrado, kiam al fino iris analizo de la aliĝiloj kaj grupiĝo de PP-partoprenantoj, okazis la neatenditaĵo. En unu bela tago ni (mi kaj A. Kogan) estis vokitaj al urba komitato de la partio.

그곳에서, 자신의 친절함을 버린 그 부비서가 우리에게 통지하기를, "옵코모("Obkomo"*)가 이 행사 개최를 불허한다고 하면서, 우리가 이미 입금한 금액을 은행 측에 해당 구좌로 반환하라는 명령을 이미 통지했다고도 알려 주었다, 그 때림은 청천벽력과 같았다.

-전국에 수많은 사람이 이미 여행 티켓을 갖고 있고요, 그 사람들은 여행 준비가 다 끝나 있어요,- 우리는 거의 울먹였다.

-그건 중요치 않아요, - 대답은 그랬다. -다바이쩨 옷보이(Davajte otboj!*)[6]

이제 이미 우리 중 회색 머리카락의 사람들은 결정을 못하는 우리를 너무 강하게 압박했다; 우리가 그때 지금 여러분 나이라면, 아마 우리는 모든 사람에게 그 행사 취소를 전보로 알려 줬을 것이라고 했다. 그러나 그때, 준비 위원회는 회의를 열었고, 아무도 주저하지 않았다. 다수의 결정은 이랬다:

-그럼에도 우리는 그 행사를 그대로 조직합시다. -거칠게라도.

그때 한 사람만 이렇게 말했다.

-그래요, 하지만 난 그 행사에 참가하지 않겠어요. 아내와 두 아이가 있어요.

우리는 그에게 우리도 가족이 있음을 말하지 않았다. -그는 그 점을 잘 알고 있었다. 그러나 그는 그 자리를 떴다. 그 상황에 대하여 우리는 SEJM의 위원회에 알렸다. 우리 결심도 함께.

---

6) 주: 그 야영 행사 취소를 통지하세요!(러시아어)

Tie la vicsekretario, perdinta sian afablon, informis nin, ke la "Obkomo"* malpermesis la tendaron, kaj ke jam estas sendita en la bankon la ordono por redoni al ni la enmetitan monsumon. La frapo estis konsterniga.

- La homoj tra la tuta lando jam havas vojaĝbiletojn, jam ili sidas sur valizoj, — apenaŭ ploris ni.
- Ne gravas, — estis la respondo, — Davajte otboj!*
Nun jam niaj grizaj haroj trofortigis nian hezitemon; havu ni tiam nian nunan aĝon, eble ni telegrafus al ĉiuj pri fiasko de la tendaro. Sed tiam, dum kunveno de la prepara komitato, neniu hezitis. La plejmulto decidis:

— La tendaron ni tamen organizu — sovaĝe.
Kaj nur unu persono diris:
— Jes, sed mi tion ne partoprenos. Mi havas edzinon kaj du infanojn.
Ni ne diris al li, ke ankaŭ ni havas familiojn — li tion bone scias. Sed li foriris.
Pri la okazintaĵo ni informis la Komitaton de SEJM. Ankaŭ pri nia decido.

그들은 조언을 주기를-아직 한 달이나 남았는데, 다른 장소를 급하게 찾아 준비하는 것은 어떨까? 하고.

그래서, 수많은 부가적 문제에 긴급 해결책이 필요했다. 분명히, 참가 신청한 사람들에게 이번 야영행사는 온전히 여행자들이 야영하듯 그런 조건으로만 개최될 것이라며 추가 소식지를 보냈다. 그래서 건강이 나쁜 상태이거나, 너무 나이 많은 분들에겐 부적합하다고 했다; 그러자 몇 사람은 결국 포기했다. 분명히, 공동급식(식사) 어려움이 노출되었다. 그래서, 우리는 긴급히 20개의 가마솥 세트(대형 가마솥 3개에 각각 -수프, 죽, 차를 준비할 수 있도록) 준비해야 했고, 또 300인이 2주 동안 머무는 데 필요한 식량을 찾아야 했다. -그것은 여러 클루보가 정말 많이 도와주었다. 분명히, 장소 문제가 생겼지만, 우리는 해당 장소로 아주 아름다운 곳을 찾아냈다. - 티흐빈 시와 복시토고르스크(Boksitogorsk)시 경계 구역인, 깊은 계곡이 있는 강변을 찾아냈다. 또 분명히 우리는 그렇게 말을 트게 하는 여행자 그룹들에겐 일정을 변경해야 하였고, 텐트들, 기타 등등도 찾아내야 했다.

사람들은 그 행사가 정해진 날짜에 왔고, 우리는 그들을 완전히 준비된 채 맞이했다. 우리의 불쌍한 여행자 주책임자인 볼로댜 가칼렌코(Volodja Gakalenko)만 2시간 동안 귀중한 참가 시민들 속에서 초보자들을 그룹별로 분리해 배치하느라 고생했다. 그러나 마침내 그도 성공했다: 그 '말을 할 수 있도록 하는' 그룹은 그들만의 일정을 진행한 뒤, 공동 행사장에서 5일 뒤 만나기로 하고, 각자의 일정에 참여했다.

Ili konsilis — ĉu eblis urĝe trovi kaj prepari alian lokon dum la restinta monato?!

Nu, multaj aldonaj problemoj aperis, kiuj bezonis urĝan solvon. Certe, iris al la homoj aldona informilo, ke la tendaro okazos en pure turistaj kondiĉoj, do ne taŭgas por malsanaj kaj tro aĝaj homoj; kelkaj rezulte retiriĝis. Certe, aperis malfacilaĵoj pri nutrado, do, ni devis urĝe produkti du dekojn da kaldronkompletoj (po tri kaldronoj en ĉiu — por supo, kaĉo kaj por teo), ankaŭ serĉi la provizon por dusemajna restado de 300 personoj — tion helpis al ni multaj-multaj kluboj. Certe, aperis problemo pri loko, kaj ni trovis ĝin, belegan, — en la limo inter Tiĥvina kaj Boksitogorska regionoj, ĉe la pitoreska riverbordo. Certe, ni devis ŝanĝi vojplanojn por la paroligaj turistaj grupoj, trovi tendojn ktp, ktp.

La homoj venis al la planita tempo, kaj ni renkontis ilin plene pretaj. Nur nia kompatinda ĉefturisto Volodja Gakalenko dum du horoj admonadis la komencantojn disiĝi laŭgrupe for de karaj samurbanoj. Sed fine ankaŭ li sukcesis: la paroligaj grupoj iris ĉiu sian vojplanon por renkontiĝi post kvin tagoj en la komuna tendarloko. Tie dume laboris la konferencanoj.

한편 그곳에는 연차 회의를 준비하는 사람들이 일하고 있었다. 아무것도, 누구도 10주년 연차 회의 행사를 방해하는 것은 없었고, 가마솥들을 맡은, 매일 몇 명의 남녀 청년들이 갖은 어려움을 도맡아 해결해 주었다. 지난 2년간 또 "새 조건들"까지 실제로 SEJM을 위해 일했던 수많은 주요 결정들이 받아들여졌다. 하늘에는 거의 구름 한 점 없었고, 그럼에도 날씨는 그리 덥지도 않아, 더욱 더 밤에는, 티흐빈 모기들도 우리를 저녁에는 괴롭혔다. 아하, 만일 그런 고통만이라면...

그래서 왜 내가 이 모든 것을 여기서 말하는가. 그 지역의 공무 담당 기관들은 우리가 그들의 명령을 무시하리라고는 전혀 생각하지 못한 채, 그래서 그 행사는 실제로 열리지 않은 것으로 알고 있었다. 공공기관 한 곳만 우리 일에 대해 이 모든 것을 알고 있었다. -이름하여, 이 모든 것을 알아야만 하는 그 기관. 그 유명 기관으로부터, 그들의 영접 직후, 바로 그날에, 그 10주년 SEJM-회의 결정에 대한 상세한 보고들을 받고 있었음을 나중에 우연히 나는 알게 되었다! 그래서, 상황은 통제되었으나, 아무도 우리 일에 간섭하지 않았다.

행사 기간 중 닷새는 그렇게 구름 한 점 없이 지나갔다. 말을 트게 하는 그룹들, 친구가 되고 행복해하는 모임들. 또 연차 회의 참석자(준비위원들)은 자신의 진지한 발언들도 끝냈다. 이제부터 매력적인 날들이 시작되었다. 대회 대학, 클루보 활동자들을 위한 경험 공유, 해신(海神)-축제, 저녁 콘서트와, 서로 입맞춤하는 "유피-야". 야밤의 추위, 모기들-여우들.

Nenio kaj neniu malhelpis al la jubilea konferenco, nur dejorado ĉe la kaldronoj delogis ĉiutage kelkajn geulojn. Estis akceptitaj multaj gravaj decidoj, kiuj dum du jaroj, ĝis "Novaj kondiĉoj" efektive laboris por SEJM. La ĉielo estis preskaŭ sennuba, la tagoj tamen ne tro varmis, des pli la noktoj, ankaŭ tiĥvinaj kuloj turmentadis nin dum vesperoj. Ehh, se estus nur tiaj turmentoj...

Jen kial mi diras ĉion ĉi. La lokaj oficialaj instancoj eĉ ne supozis, ke ni riskis neglekti la ordonon, do opiniis la tendaran aferon definitive fermita. Nur sola oficiala instanco sciis ĉion pri niaj aferoj — nome tiu, kiu devis scii ĉion. Hazarde mi informiĝis poste, ke tiu fama organizaĵo ricevadis detalajn raportojn pri decidoj de la jubilea SEJM-Konfercnco tuj post ilia akcepto, la saman tagon! Do, la situacio estis kontrolata, sed neniu enmiksiĝis nian laboron.

La kvin tagoj pasis do sennube. Venis la paroligaj grupoj, amikiĝintaj kaj feliĉaj. Finis siajn seriozajn parolojn la konferencanoj. Komenciĝis la ravaj tagoj. Universitataj prelegoj. Sperto-interŝanĝo por klubaj aktivuloj. Neptun-festo. Vesperaj koncertoj kaj la interkisa "jupi-ja". Noktaj frostetoj. Kuloj-lupoj.

이 모든 것은 아름답고 평화롭게 지나갔다.

그런데, 그 행사의 말미를 앞둔 며칠 전에 이런 일이 있었다. 한 예기치 않은 사건이 생겼다. 사전 등록도 하지 않은 SEJM 회원 중 1명이, 이 행사가 티흐빈 주변에서 열린다는 소식을 우연히 듣고, 티흐빈으로 와, 공공기관을 통해 그 행사가 열리는 장소를 찾으려고 시도했다. -그래서 그는 시당위원회로 가보았다.

그곳에서는 모두 그 행사에 대해 전혀 알려진 바가 없다고 대답했다. 그런데 위원회의 한 운전기사가 티흐빈카 강의, 시 경계 부근에서 수많은 사람이 야영하고 있는 것을 보았다고 했다. 그 말을 듣고 깜짝 놀란 공무원들은 그 운전기사에게 즉시 그곳으로 그 SEJM 회원을 데려다주라고 위임하고는, 열렬히 뭘 어찌해야 할지 숙고했다. -정말 "상부"에서 행사를 불허했음에도 그 행사가 열리고 있음을 알아차렸기 때문이었다. 자신들의 책임을 면하기 위해 그들이 맨 먼저 그 "상부"에 에스페란티스토들의 "야만적" 행동에 대해 먼저 보고하기로 결정했다.

그리고 회전목마가 돌기 시작했다. 그 야영 행사장은 반드시 해산해야 한다고 하면서 곧장-상부에서 가장 주요한 인사가 결정했다. 그런데 누가 해산하지? 티흐빈 공무원들은 제안하기를, 복시토고르스코(Boksitogorsko)에 있는 그들의 동료들이 이 일을 하도록 했다. 왜냐하면, 그 행사가 그들 구역 안에서 열리고 있다며. 그러나 그쪽 사람들은 반대하고 대답하기를, 이것은 티흐빈 임원들이 그걸 해야 한다고 대답했다.

Ĉio iris bele kaj trankvile.

Kelkajn tagojn antaŭ la tendara fino okazis jeno. Unu neantaŭvidita kaj nealiĝinta SEJM-ano, havanta hazardan informon, ke la tendaro okazas apud Tiĥvin, venis en la urbon kaj provis serĉi la tendarejon pere de oficialaj instancoj — li iris al la urba partia komitato.

Tie ĉiuj respondis, ke absolute nenion scias pri la tendaro. Nur la komitata ŝoforo diris, ke vidis ian homamason apud la rivero Tihhvinka en la interregiona limo. La ŝokitaj oficialuloj komisiis al la ŝoforo tuj veturigi la simplaniman SEJM-anon tien kaj komencis febre decidi, kion fari — ja la "supro" povas ekscii, ke la tendaro okazas spite al la malpermeso. Por senkulpigi sin ili decidis la unuaj informi la "supron" pri la "sovaĝa" ago de esperantistoj.

Kaj ekrotaciis karuselo. La tendaron oni devas likvidi nepre kaj tuj — decidis ie en supro la plej ĉefa persono. Sed kiu likvidu? Tiĥvinaj oficialuloj proponis, ke tion faru iliaj kolegoj el Boksitogorsko, ĉar la tendaro okazas en ilia teritorio. La lastaj rifuzis kaj respondis, ke tion devas fari la tiĥvina estraro,

왜냐하면, 행사 조직자들은 티흐빈 시민들이라며, 서로 미루다가 나중에는 양측에서 우리를 점검했다. 복시토고르스크시에서는 책임 파견 대의원, 제1당 비서와 군대 책임자가 우리를 방문했다.

-에이, -그는 말했다. -그럼 왜 당신들은 우리에게 먼저 말하지 않았나요? 우리라면 호사한 야영지나 호텔을 알려 주었을 텐데요...

-하지만- 내가 대답했다. -그쪽 위원회에도 갔었어요, 대의원 동무, 또 여러분은 그 선구자 야영장을 쓰는 것을 반대했어요.

-정말인가요? 내 기억엔 그런 유사한 것을 들은 적이 없는데요...

티흐빈 임원단이 우리 야영단 참가자들을 좀 긴장시켰다. 왜냐하면, 우리 야영장 주변을 아주 큰 소음을 내며 너무 낮게 비행하는 헬리콥터 2대를 보냈기 때문이었다. 티흐빈카 강 강변의 다른 쪽, 우리 야영장의 반대쪽 강변에서는, 2대의 군용 차량이 진을 치고 있었다. 더구나 우리에게 보건책임 의사 선생님도 파견되었다. 그분 말씀으로는, 그는 우리 행사장 화장실을 점검하고, 우리를 위협하는 전염병이 있을까 하고 왔다고 했다. 나는 그 의사에게 이 모든 것을 보여주었다. 화장실들은 비난받지 않을 정도로 제대로 해두었기에, 전염병은 없었다. 점검자는 그럼에도 불구하고, 자신의 방문을 어떤 식으로든 표시하고 싶었고, 그래서 그는 나에게 상징적인 벌금 -10루블을 내라는 통지서를 써 주었다. 사유는 식용으로 강물을 사용했다는 것이었다...

ĉar la tendaron organizis tiĥvinaj civitanoj. Tamen esploris nin la ambaŭ flankoj. El Boksitogorsko venis al ni eĉ la ĉefa deputito, la unua partia sekretario kaj la milica ĉefo.

— Ahh, — diris li, — nu kial vi ne turnis vin al ni? Ni prezentus al vi luksan turistejon aŭ hotelon...

- Sed, — mi respondis, — mi estis en via kabineto, kamarado deputito, kaj vi rifuzis zorgi eĉ pri pionira tendarejo!

- Ĉu vere? Mi ne memoras ion similan...

La tiĥvina estraro iom timigis la tendaranojn, ĉar sendis du helikopterojn, kiuj tro malalte ĉirkaŭflugadis nian tendarejon, produktante hororan bruegon. En la alia bordo de Tiĥvinka, tute kontraŭ nia tendarejo nestiĝis du milicaj aŭtoj. Krome al ni estis sendita sanitara kuracisto. Tiu diris, ke li venis por inspekti niajn necesejojn kaj kontroli, ĉu ne minacas nin ia epidemio. Mi montris ĉion al li. La necesejoj estis senriproĉe akurataj, la epidemioj mankis. La kontrolanto, tamen, devis iel signi sian viziton, do li skribis por mi la kvitancon por simbola monpuno — dek rubloj. La kaŭzo estis akvo rivera, uzata por kuirado...

그러나, 모든 운영 인력은 두 곳의 공식 팀과 분명한 명령 사이의 토론의 결과를 기다렸다.

그 두 시의 임원단이 우리 행사를 해산시키려고 토론하는 동안에, 그 행사는 프로그램에 따라 진행되었고, 평화롭게 독립적으로 결말에 왔다. 눈물을 흘리며 친구가 되고 사랑하게 된 야영에 참가한 사람들은 눈물을 흘리며 헤어졌고, 행사장을 깨끗이 청소하고는 새 여름을 고대하며 멀리까지 왔던 길을 돌아서 귀가 행에 몸을 실었다.

...그해 9월, 지방 강사들의 회의를 하려고 레닌그라드에 갔더니, 당 최고 지도자 로모노프(Romanov*) 동무의 이야기가 들려왔다. 그 동무가 말하더라며, 사람들이 내게 말한 바는 다음과 같았다:

한 달 전에 우리 티흐빈 지역에서 9학년-10학년 학생들이 공화국들간 야영행사를 조직했다. 그때 특별히 선발된 남녀 청년들이, 자신의 경험 있는 교육자들과 함께 왔는데 그들은 그곳에서 불쾌한 사건이 터졌다고 했다. 그 야영장에서 한 여학생이 강제로 괴롭힘을 당하는 일이 발생하였다. 그러니, 교육자 동무들은 부끄러워하라고 하면서!

반면에, 같은 지역의 인근 야영장에서 어떤 브론시테인이라는 이가 약 300명 사람을 모아, 에스페란토 야영행사를 조직했는데 -여기서는 한 건의 비슷한 사건도 일어나지 않았다면서. 놀랍게도!"

Sed ĉiuj plenumfortoj atendis finon de la diskuto inter du oficialulaj teamoj kaj klaran ordonon.

Dum la du estraroj diskutis, kiu nian tendaron likvidu, la tendaro agis laŭ la programo kaj memstare pace venis al sia fino. Adiaŭis larme la amikiĝintaj kaj enamiĝintaj tendaranoj, purigis la tendarejon kaj forveturis al siaj lontanaj hejmoj ĝis nova somero.

...Septembre en Leningrado por la konferenco de distriktaj instruistoj elpaŝis la ĉefa partia gvidanto, kamarado Romanov*. Oni rakontis al mi, ke li diris, interalie, preskaŭ jenajn vortojn:... "Antaŭ monato en nia Tihhvina regiono ni organizis la interrespublikan tendaron por lernantoj de naŭa-deka klasoj. Venis speciale elektitaj gejunuloj kun siaj spertaj pedagogoj, kiuj tamen ne sukcesis eviti la malagrablan akcidenton. En la tendaro okazis atenco pri perforto de unu knabino. Hontu, kamaradoj pedagogoj! Tute apude en la sama regiono iu Bronŝtejn kolektis iujn tricent homojn por ia esperantista tendaro — kaj eĉ ne unu perforto-atenco okazis tie. Mirinde!"

나는 말하고자 한다. 여기에는 내 혼자가 아니라, 알렉산드로 코간(Aleksandro Kogan), 클루보 회장과 블라디미르 가칼렌코(Vladimir Gakalenko) 관광지도자와 모든 우리 클루보 회원들, 야영행사 참가자들 모두가 우리 SEJT에서 그런 유사한 사건이 일어나지 않음에 대해 그 찬사를 받아야 함이 마땅하다. 그래서 -나는 우리가 그만큼 고위급 찬사를 받았으니 모두 함께 웃고, 함께 자랑스러워하자.

기념비를 톱질하네

나무기념비를 톱질하기로 결심하고는,
톱을 찾고, 톱니를 온전히 벼리고,
그걸 만지고 -또 그것은 톱의 언어를 만지네.
곧장 크게, 긴장해서, 날카롭게 말하네.

아니, 화가 아니라 나를 공격으로 움직이고
아니, 나의 좋고-싫음과는 전혀 중요치 않아
그 기념비로, 하지만 나쁜 의도로
누가 내 유일한 오솔길에 그걸 세웠네.

아침에 나는 그 기념비를 향해 휘파람을 불며
땀나는 일 이전에 겉옷을 벗었네. 나는 말했네
 -그래, 나쁜, 넌 허망하게 자랑했어.
너에겐 가장 마땅한 벌이 준비되었어!

Mi devas diri, ke ne mi sola, sed ankaŭ
Aleksandro Kogan, la klubgvidanto, Vladimir
Gakalenko, la turismestro, ĉiuj niaj klubanoj,
ankaŭ la tendaranoj ĉiuj kulpas pri tiu grava
manko de nia SEJT. Do — mi informis ĉiujn, por
ke ni kune ridu kaj kune fieru pro tiom altranga
komplimento.

Eksegi monumenton...

Eksegi monumenton mi decidis lignan,
　Segilon trovis kaj akrigis tute bone,
　Tuŝetis ĝin — kaj ĝi segilan sian lingvon
　Tuj ekparolis laŭte, streĉe, akrasone.
Ne, ne kolero movis min al la atenco,
　Ne gravas tute mia ŝato aŭ malŝato
　Al tiu monumento, sed malbonintence
　Konstruis iu ĝin sur mia sola pado.
En la mateno venis mi al ĝi, fajfante,
　Demetis jakon antaŭ la laboro ŝvita.
　— Nu, — diris mi, — aĉul', vi tro fieras vante,
　Ĉar pretas jam por vi la puno plej merita!

기념비 곁에서 난 난폭하게 일 저질러,
피멍이 들 때까지 그걸 한탄 속에 톱질했네.
기념비에서 작은 나무쪼가리라도 떨어짐으로
톱에 이제 마지막 톱니가 이미 떨어지네.

그때 내 입의 이로 물어버리려 했고
나의 굽히지 않은 성격을 보여주면서...
이 하나가 툭 빠져 나오고, 나는 놀랐네:
목재 대신에 뭔가로 나는 쇠맛을 보네.

현명한 생각이 한 순간 드네,
내가 헌신의 일에서 아주 바보스러웠음을
영원히 그 나무기념비는 서 있으리라.
그것을 단단한 철갑옷이 둘러싼다면

영원히 서 있을까? 나는 침을 삼키고
내 초록 가족을 부르러 가네.

...Ĉe l' monument' mi furiozis kaj skandalis,
Ĝis sangaj kaloj mi ĝin segis kun lamento!
De l' monument' lignero eĉ apenaŭ falis,
De la segilo falis jam la lasta dento.

Per propraj dentoj tiam mi ĝin mordi provis,
Montrante mian neflekseblan karakteron...
Elkraĉis unu denton kaj kun miro trovis:
Anstataŭ ligno ial mi gustumas feron!

Kaj saĝa penso min trafulmis dum momento,
Ke ege stultis mi en la afer' sindona.
Eterne staros tiu ligna monumento,
Se ĝin ĉirkaŭas la kiraso ferbetona.

Eterne staros? Mi englutis la salivon
Kaj iris voki mian verdan familion...

08. 종이 대포는 어디로 포격했는가?

    내가 이 운동의 역사를 "전설"이라고 정의할 권리가 있는지 의문조차 들지만, -이 역사는 그만큼 강하게 서류로 정리되어 있다. "포격"과 "반격 포격", "포격"에 대한 추천과 가르침들에 대한 나의 수집은, 1964년부터 모아놓으니, 충분히 방대했다.

    실제로, 모든 것은 정말, 훨씬 더 일찍 시작되었으나, 그때는 내가 너무 어렸다. 에스페란티스토들은(아마 그들 뿐만이 아니다) 언제나 "종이 대포로 포격하는 일"을 좋아하고 그런 경향이었다. -이 말 "종이 대포로 포격하는 일"은 다양한 공공 기관들, 유명인사들, 당 대회와 콤소몰 대회 등에 우리의 고귀한 언어와 우리 운동과 관련해 요청과 요구와 불평과 질의가 담긴 편지들을 보내는 것을 의미한다. 충분히 중립적이고, 논리적이고, 악의가 없는 "포격"의 예를 하나 들어 보자:

    "어느 별의 작은 도시에 사는, 우주인들에게.
...나는 소련의 영웅이라는 기사를 읽었어요. 그 소련 영웅은 우주에서의 기기들의 일치에 관해 쓴 우주 비행사 루카뷔시니코프(N. V. Rukaviŝnikov)이지요. 그 기사 안에는 이런 말이 있습니다. 무엇보다 언어의 일치가 필요하다고 써 있습니다.

08. Kien pafis la paperkanonoj?

Mi eĉ dubas, ĉu mi rajtas nomi tiun ĉi historion "legendo" — tiom forte dokumentita ĝi estas. Sufiĉe ampleksa estas mia kolekto de "pafoj" kaj "repafoj", rekomendoj kaj instrukcioj pri la "pafado", kolektata ekde 1964.

Fakte, ĉio komenciĝis, versimile, multe pli frue, sed mi tiam estis tro juna. Esperantistoj (eble ne nur ili) ĉiam ŝatis kaj emis "paperkanoni" — sendadi leterojn al diversaj oficialaj instancoj, famaj personoj, kongresoj partiaj kaj komsomolaj, k.s. kun petoj kaj postuloj, plendoj kaj demandoj humilaj rilate nian karan lingvon kaj nian movadon. Jen estas ekzemplo de sufiĉe neŭtrala, logika, nemalica "pafo":

"En la Stelan Urbeton. Al la kosmonaŭtoj.
...Mi legis la artikolon de la Heroo de Soveta Unio, kosmonaŭto N. V. Rukaviŝnikov pri kongruo de kosmaj aparatoj. En ĝi estas dirite, ke antaŭ ĉio necesas la lingva kongruo.

치올코프스키(K. E. Ciolkovskij)[7]가 당시 똑같은 것을, 우주에서의 세계어를 위해 싸우면서, 예견했습니다. 또한 그는 이미 소련 연방 에스페란토연합 (Sovetrespublikara E-Unio)에 이미 가입했습니다.

최근에 사람들은 우주를 비행할 사람들의 언어 준비에 중대한 관심을 두고 있습니다. 그런 대단한 노력에도 불구하고, 언어장벽은 부서지지 않고, 더 단단해졌습니다. 왜냐하면, 사람들은 간단히 몇 개의 전문 용어만으로 소통할 수 없기 때문입니다. 그래서, 만일 에스페란토의 16가지 규칙만 덧붙이면, 의심없이 모든 언어장벽은 무너져 내릴 것입니다. 단번에 그리고 영원히……또 최근에는 미국, 불가리아, 헝가리 등지에서 에스페란토로 된 다양한 분야의 전문용어사전들이 발간되었습니다.

---

7) 역주: 러시아의 항공학, 우주비행학 연구과학자 치올코프스키 (Tsiolkovsky, Konstantin E., 1857~1935) 랴잔주(州)의 보로프스크 출생. 우주비행이론의 개척자, 로켓과학 및 인공위성 연구의 선구자이다. 16세 때 모스크바로 가서 독학으로 물리학·천문학을 공부하고, 1879년 교사자격검정시험에 합격, 고향의 중학교 교사가 되었다. 집에서 압축가스를 사용한 분사실험을 하는 한편, 로켓비행을 원리적으로 연구하였다. 이 무렵부터 우주비행의 연구에 매료되어 몇 개의 과학·항공잡지에 기고(寄稿)를 시작하고, 1892년 칼루가의 학교로 전임된 후 본격적인 연구를 하여 1898년 대표적 논문《로켓에 의한 우주공간의 탐구》를 발표하였다. 이 논문에서 로켓의 이상적인 도달속도는 가스의 분출속도에 비례하고, 또 로켓 발사시와 연소(燃燒) 종료시의 무게의 비, 즉 질량비(質量比)에 관련된다는 것을 밝혔다. 가스의 분출속도를 높인다는 관점에서 액체추진제(液體推進劑)의 우수성도 논술되었다. 1919년 소련 과학아카데미 회원이 되었다. 소련의 스푸트니크 1호는 치올코프스키 탄생 백년제(百年祭)를 목표로 계획되어, 1957년 10월 4일 발사되었다.

Siatempe la samon antaŭvidis K. E. Ciolkovskij kaj, batalante por la universala lingvo en kosmo, jam aliĝis al la Sovetrespublikara E-Unio...Nuntempe oni donas gravan atenton al lingva preparado de kosmaj flugontoj. Tamen per tiu grandega laboro la lingvaj baroj ne estas detruataj, sed pli firmiĝas, ĉar oni ne povas komunikiĝi per nur nudaj terminoj. Jen, se estus aldonitaj nur la 16 reguloj de la lingvo Esperanto, do sendube ĉiuj lingvaj baroj estus forbalaitaj, unufoje kaj por ĉiam.... Lastatempe estas kreataj terminologiaj vortaroj en Esperanto por multaj fakoj en Usono, Bulgario, Hungario kaj aliaj landoj....

마침내 이젠 소련 사람들도 그만큼 중대한 문제에, 그만큼 놀라운 발명품인 에스페란토어에, 말하자면, 말만 할 것이 아니라 실제로 업무적으로, 또 효과적으로, 우리의 우주 시대가 요구하듯이, 관심을 가져야 하는 시대가 오지 않을까요?

당의 퇴역군인, 퇴역군인-에스페란티스토 N,N. 올림

우주비행사들은 정말로 우리의 우주 시대에 필요한 요구사항을 좀 달리 이해했다. 그래서 그들은 대답조차 하지 않았다. 그들은 정말 공식기관이 아니었다: 공공기관은 그와 같은 편지를 받으면, 2주일 안에 회신해야 하는 의무를 갖고 있다.

모든 공무원이 그만큼 시간을 정확하게 지키지는 않았다. 그러나 수많은 공무원은 회신했다. 만일 2주일 안에 못하면, 3주차나, 4주차 아니면 5주차에 회신해 주었다. 그래서, 캠페인을 벌일 수 있었고, 일백 개의 대포로 일제 포격으로 공무원들을 공격할 수 있었다. 그런 일제 포격은 에스페란티스토들이 맨 먼저 시도한 것은 아니었다. -우리 역사를 되돌아보자, 그리고 여러분은 국가대표가, "평범한" 농민들과 노동자들을 부추겨 그들이 수천 수만 건의 편지로, 자신의 정적에게 어떻게 포격했는지를 볼 수 있다.

SEJM 안으로 우리에게 이미 잘 알려진 아나톨로 곤차로프(Anatolo Gonĉarov)가 그 종이 대포 포격을 들이밀었다. 그가 1966년에 회원주소록에 거명된 모두에게 뿌린, 이름하여 '긴급 편지'라는 귀한 자료를 갖고 있다.

Ĉu ne venis la tempo, ke finfine ankaŭ sovetiaj homoj aliĝu al tiom grava afero, al tiom rimarkinda inventaĵo, kiu estas la lingvo Esperanto, sed ne nur vorte — afere, efektive, kiel tion postulas nia kosma erao.

Veterano de la Patria milito, veterano-esperantisto N. N.".

La kosmonaŭtoj verŝajne iom aliel komprenis la postulojn de nia kosma erao, do eĉ ne respondis. Ili ja ne estis oficiala instanco; tiu havis devon respondi ĉiun leteron dum du semajnoj post la ricevo. Ne ĉiu oficialulo estis tiom akurata, certe. Sed multaj respondis. Se ne post du, do post tri, kvar aŭ kvin semajnoj. Do, eblis lanĉi kampanjon kaj ataki la oficialulojn per centkanona salvo. Tiu salvado ne estas invento de esperantistoj — reiru nian historion kaj vi vidos kiel sperte salvis la ŝtatestro kontraŭ siaj malamikoj per multaj miloj da leteroj de "simplaj" kamparanoj kaj laboristoj.

En SEJM-on la salvadon paperkanonan enigis jam konata al ni Anatolo Gonĉarov. Mi havas la raraĵon, nome la urĝan leteron, kiun li dissendis en 1966 al ĉiuj membroj de la Adresaro.

1966년에 곧 생길 SEJM의 핵심으로 그렇게 불렸음을 내가 설명해 보겠다.

그 편지에서 그의 주장은, 우리가 모두 이 편지에 거론된 주제들을, 또는 희망하는 내용을 담은 편지를 국가 콤소몰 대회로 보내자는 것이었다. 그리고 그 편지에는 가장 호사스런 문장이 있다: *"…분명히 당신은 당신 나름의 어떤 제안도, 그것이 바보스런 것이 아니라면, 보낼 수 있다."*고. 그래서 이것은 -이 캠페인은 한 개인 퇴역 군인의 멍청한 포격이 아니라, 그것이 좋은 군사적 타격으로 작용했다. 비록….아무 결론이 없었지만. 왜냐하면, 그 대회 역시 공공기관이 아니었기 때문이었다.

나중에 SEJM 회원들은 똑같이 그런 명령으로 청년신문사들에도 집중 포사격을 했다. 그 신문사들은 조용히 자신의 참호 속에만 머무르지 않고, 우리의 줄에서 뛰쳐나와 주저하는 새로운 동참자들을 용감히 반격했다. 중앙청년신문 **<콤소몰리스카야 프라브다>**의 1967년 5월호에 반격이 어찌나 유능하게 일어났는지를 보자:

친애하는 동무에게!

세계에 에스페란토 사용자는 300만 명뿐입니다. 이는 소련에서의 에스페란토 확장세뿐만 아니라 또 앞으로 전망도 알 수 있습니다. 에스페란토가 오래전부터 존재해 왔지만, 에스페란티스토 수효는 소수이고, 지금도 그런 상태입니다.

Mi klarigu, ke tiel nomiĝis en 1966 la kerno de baldaŭ aperonta SEJM. En tiu letero li rekomendas al ĉiuj sendi leterojn al la landa komsomola kongreso, ankaŭ temojn por ĉi-leteroj, eĉ dezirindan enhavon. Kaj jen estas la plej luksa frazo: "...certe vi povas aldoni iujn viajn proponojn, kondiĉe, ke ili ne aspektu stulte". Jen do — la kampanjo jam ne estis stulta ekpafo de unusola eksmilitisto, ĝi funkciis, kiel bona milita atako, kvankam... kun nula rezulto. Ĉar la kongreso ankaŭ ne estis oficiala instanco.

Poste SEJM-anoj same laŭordone salvis al junularaj ĵurnaloj. Tiuj jam ne sidis en trانĉeoj silente, sed kuraĝe kontraŭatakis, elbatante el niaj vicoj hezitemajn novbaptitojn. Vidu, kiel lerte rekanonis la centra junulara jurnalo "Komsomoljskaja pravda" en majo 1967:

"Estimata kamarado!
En la mondo estas nur 3 milionoj da personoj, posedantaj Esperanton. Tio difinas ankaŭ vastiĝdimension de Esperanto en USSR, ankaŭ ties perspektivojn, — ja Esperanto ekzistas delonge, sed esperantistoj estis malmultenombraj kaj restas tiaj.

그 원인은 에스페란토가 간단하지만, 그 때문에 편리하지만, 그 언어는 부족한 인공어입니다. 그래서 그 언어는 생명력이 없고, 진정한 국제 의사소통을 위한 도구가 되지 못했습니다. 우리 의견으로는 예를 들어, 영어를 배우는 것이 더 낫다고 봅니다. -영어 사용자는 수억 명이고, 영어는 수많은 탁월한 작품의 원전에 접근할 수 있고, 과학 정보의 의미 있는 부분에 접근도 문을 열어 두고 있습니다.

존경과 함께

과학 과장 빌렌킨(D. Bilenkin) 올림

이런 일이 있었다. - 더도 아니고 덜도 아니다. 회신을 자신의 신문에 게재하지 않고, SEJM-회원인 대포를 쏜 사람에게만 보내는 경우는 적어도 좋았다. 그렇게 회신을 받은 이는 그 서신 사본을 이웃 클루보에 보내고, 몇 명은 다시 더욱 날카롭게 빌렌킨 동무를 공격했다. 그러나 그 공격은 이미 전쟁 후 주먹을 쥐어흔드는 격이 되어 버렸다... 문화부, 지식부와 유사 부문의 장관들에게도 향한 포격은 똑같은 결론으로 돌아 왔다.

"존경하는...!

당신이 보낸 편지 내용은 나를 놀라게 했습니다... 당신은 당신의 전공 문헌, 다시 말해 "교육자 신문"과 "학교에서의 외국어들"이란 정기간행물을 읽지 않음을 보여주고 있습니다.

La kaŭzo estas, ke, kvankam Esperanto estas simpla, kaj pro tio oportuna, ĝi estas malriĉa, artefarita lingvo, tial ĝi ne vivkapablas kaj ne iĝis la ilo por vera internacia komunikiĝo. Niaopinie estas pli bone studi ekzemple la anglan lingvon, — ĝin parolas centoj da milionoj, ĝi malfermas aliron al la originaloj de multaj elstaraj literaturaj verkoj kaj signifa parto de sciencaj informoj.
Kun estimo.
Estro de la scienca fako, D. Bilenkin".

Jen tiel — nek pli, nek malpli! Bonas almenaŭ, ke la leteron respondan oni ne aperigis en la ĵurnalo, nur sendis al la SEJM-pafisto. Tiu dissendis kopiojn al kluboj, kaj kelkaj denove pli akre atakis kamaradon D. Bilenkin. Sed tiu atako estis jam postbatala pugnosvingado... Samrezulte finiĝis ankaŭ la salvo kontraŭ Ministerioj — Kultura, Kleriga kaj similaj:

"Estimata...!
La enhavo de via letero min mirigis... Vi montris, ke vi ne legas vian fakan literaturon, nome la "Instruistan ĵurnalon" kaj la revuon "Fremdaj lingvoj en lernejo".

그러나 정말 그 신문에는 대학 전공 과정에 대한 소련 (USSR)의 문교부령의 공표가 들어 있고, 또 그것에 걸 맞게 우리 정기간행물에는 설명과 추천항목이 들어 있습니다.

...학교에서 에스페란토를 전공 과정에 도입하는 것은 추천되지 않습니다. 그러나 희망자들을 위한 에스페란토 학습은 방과후 학습(콜렉티브들의 클럽활동이나, 선구자궁)의 형태로 조직될 수 있습니다.

존경과 함께,
교육부 방법 담당자: 세마룰리나 L.A."

더욱 위험하기조차 한 것은 에스페란토를 "좋지 않은 것으로" 우연히 말하였던 유명인사들에 대한 공격이었다. 그런 경험을 가진 자들은 늘 정확히, 노련하게, 아무렇지 않은 듯이 다시 포격했다. 탁월하고 가장 유능한 궁정시인 중 한 사람인 미하일 아시코브스키(Mihhail Isakovskij*)는 자신의 어린 시절에 에스페란토에 관심을 갖고서 어린이로서 감동의 시를 지었다:

"외국 손님들이 우리를 떠나가면
곧장 열차는 그들을 데려가네
나는 마지막 순간에 말하네
잘 가게, 소중한 친구들이여!"

Sed ja en la ĵurnalo estis publikigita la ordono de Klerigministro de USSR pri fakultativaj kursoj, kaj konforme al ĝi estis donitaj klarigoj kaj rekomendoj en la revuo.

...Ne estas rekomendata enkonduko de fakultativa kurso de Esperanto en lernejoj. Tamen studado de Esperanto por dezirantoj, inkluzive lernantojn, povas esti organizata en la rondetoj de eksterlernejaj kolektivoj (kluboj, pionirpalacoj). Kun estimo, metodisto de Klerigministerio: Ŝemarulina L. A."

Eĉ pli danĝeraj estis atakoj kontraŭ famaj homoj, ion hazarde dirintaj "ne tiel" pri Esperanto. Tiuj spertuloj repafis ĉiam trafe, lerte, neniige. Unu el elstaraj kaj vere talentaj kortegaj poetoj, Mihhail Isakovskij* en infanaĝo okupiĝis pri Esperanto kaj verkis infane kortuŝajn versojn:

"Nin forlasas eksterlandaj gastoj,
Tuj forprenos ilin vagonaro.
Diras mi en la minutoj lastaj:
Ĝis revido, kamaradoj karaj!"

수십 년이 지나 뒤, 이젠 나이도 들고, 병이 든 채, 이사코브스키는 이미 충분히 권위를 가진, 인정받은 명예시인으로, 소련 문학의 진주로 인정받고 있었는데, 그는 한 인터뷰에서 에스페란토는 민족어보다 문학분야에서 다소 덜 적합하다며, 이 언어가 아직 이 세상에 민족어 문학이 가져다주는 그런 탁월한 작가들을 우리 세계에 보내지 않았다고 했다.

　나의 스승은 그 점을 에스페란토에 대한 배신으로 이해했고, 즉시 그 시인을 날카로운 불친절한 편지로 그 시인을 공격했다. 즉시 현명하게 또 인텔리답게 이사코프스키이는 회신하였다.

　"...그리고 실제 또는 가려진 당신은 나를 배교자, 배신자, 겁쟁이라고 이름짓는군요. 그리고 이 모든 것은 한때 젊어서 내가 에스페란토어를 배웠다가 나중에 그 언어에 관심을 거두고, 그것에서 방향을 돌려, 점차 이전에 알던 것을 잊어갔다는 이유로 해서...나에게 그만큼 중대한 비난을 하니... 당신은 스스로에게 너무 많이 허락하지 않았나요? 내 의견으로는, - 너무, 왜냐하면, 당신 비난은 이미 먹어버린 계란처럼 가치가 없어요, 그것은 무의미하고 불합리합니다.

　젊어서 나는, 한편으로는, 에스페란토뿐만 아니라 프랑스어도 학습했습니다. 그 당시 나는 프랑스어를 나쁘지 않게도 말할 줄 알았습니다. 나중에 나는 그 언어에 관심을 거두었습니다. 그리고 내 머릿속에는 조금씩 내가 알고 있던 거의 모든 것이 날아가 버렸습니다.

Post multaj jardekoj maljuna kaj malsana Isakovskij, jam plenmerita, honorigita poeto, perlo de sovetia literaturo en unu intervjuo respondis, ke Esperanto malpli taŭgas por literaturado ol lingvoj naciaj, do ĝi ne donis al la mondo tiajn elstarajn verkistojn, kiajn prezentis nacilingvaj literaturoj.

Mia Instruisto komprenis tion kvazaŭ perfidon de Esperanto, kaj tuj atakis la poeton per akra senĝentila letero. Certe Isakovskij respondis saĝe kaj inteligente:

"...Kaj rekte kaj vualite Vi nomas min jen renegato, jen perfidulo, jen timulo. Kaj ĉio ĉi nur pro tio, ke iam en juneco mi lernis la lingvon Esperanto, sed poste ĉesis okupiĝi pri tiu, deflankiĝis kaj poiomete forgesis tion, kion mi sciis antaŭe. ...Starigante kontraŭ mi tiom gravajn akuzojn... ĉu ne tro multe vi permesas al vi? Miaopinie –tro, ĉar la akuzoj viaj ne valoras eĉ elmanĝitan ovon. Ili estas sensencaj kaj absurdaj.

En la juneco mi, interalie, studis ne nur Esperanton, sed ankaŭ la francan lingvon. Mi eĉ nemalbone posedis ĝin siatempe. Poste mi ĉesis okupiĝi pri tiu lingvo kaj poiom el mia kapo forbloviĝis preskaŭ ĉio, kion mi.

하지만 어느 한 사람의 프랑스인도 나를 그 때문에 배신자라고 하는 사람은 없었습니다.

　...나는 한 번도 에스페란토를 아무것으로도 비난하지 않았고, 존재하지 않은 기능들에 가입하려고도 하지 않았습니다. 그러니, 당신이 나를 두고 한 비난의 말들은 -그 비난의 말들은 당신의 양심에 남겨 두세요"...

비슷한 모델이 될 만한 교훈은, 뭔가 긍정적 결론을 곧 가져다줄 것으로 본, 조직된 캠페인인 "종이대포 포격"의 허망함에 대해 뭔가를, 우리의 초록 대중에게 가르쳐 줌이어라.

　그러나, -청년들은 신비를 믿는가, 또 그 때문에 잘못된 길을 되풀이하는가, 아니면 우리는 직접 경험을 통해 교훈 얻기를 바라는가 -1974년에 개최된 SEJM-연차 회의는 출판사들을 상대로 반박하는 포격 결정을 했다. 그 것을 실행하기에 앞서, 그 캠페인 결론을 예상하려면, 우리가 적어도 출판사와 출판물에 관련해, -배교자들과 "samizdat"에 대항하는 공식 전쟁의 정점을, 모든 출간된 저작물의 가장 엄숙한 "litado(검열)"을, 또 "코스모폴리탄에 대항하는" 새로 시작된 물결을 ㅡ이 나라에서의 당시 상황을 분석하고 상상해 봐야 했다. 그것을 한 것은 우리가 아니었고. "에스페란토 문학 출간은 우리에게 달려있다"라는 기사를 <Aktuale> 지가 발표하였는데, 그중 일부는 나는 독자들에게 반드시 보여주고 싶다:

...Mi neniam kaj per nenio mokis la lingvon Esperanto kaj ne provis aligi al ĝi neekzistantajn funkciojn. Do, la moknomoj, kiujn vi pendigis sur min — tiuj moknomoj restu en via konscienco".sciis. Tamen ja eĉ ne unu franco kuraĝis nomi min pro tio renegato aŭ perfidulo... Similaj lecionoj modelaj devus ion instrui al nia verda popoleto, almenaŭ pri vanteco de "paperkanonadoj" organizitaj, kampanjaj, kiuj videblis tuj kaj apenaŭ donis ian pozitivan rezulton.

Sed — ĉu kredas junularo misterojn kaj pro tio ripetas la mispaŝojn, aŭ deziras ni instruiĝi proprasperte, —Antaŭ ol tion fari, ni devus almenaŭ analizi kaj imagi la tiaman situacion en la ŝtato, rilate eldonejojn kaj eldonaĵojn, — la pinton de batalo oficiala kontraŭ disidentoj kaj "samizdat", la plej severan "litadon" de ĉiu presata verko, la komenciĝantan novan ondon "kontraŭkosmopolitan", por aŭguri rezulton de la kampanjo. Ne faris ni tion, kaj aperis en "Aktuale" la artikolo "Aperigo de E-literaturo dependas de ni", kies parton mi devas nepre montri al la leganto: SEJM-Konferenco en 1974 akceptis la decidon organizi salvon kontraŭ la eldonejoj.

"..모든 클루보는 매주 한 개 이상의 편지를(공식적, 또는 단체나 개인 이름으로) 모든 도시에 열거된 이 리스트 중 한 기관에 보내, 한 클루보가 각자 22개 기관과 접촉하도록 하세요. 당신이 보내는 편지들에서 다음의 것들을 유의해야 합니다:

1. 요청한 문서에 대해, 당신이 사는 도시에서는 수백 아니 수천 부가 팔릴 수 있는지 즉시 알려 주세요.
2. 국제어로서 영어를 우리나라에서 의도적이든 비의도적이든 강력하게 지원하는 반면에, 러시아어나 중립어 에스페란토에 대한 지원이 적은 것은 우리나라의 정치적 이념적 경제적 관심에는 정말 도움이 되지 못함을 강조하라;
(...)
4. 우리 편지는 가능한 진지하고 겸손해야 한다. 논점을 잘 정의해서, 정확하게 써야 하고, 너무 길지는 않지만, 너무 한탄조가 되어서도 안 된다; 그들이 보기에 우리나라 이상과, 우리 운동의 규모성과 대중성에도 충실히 맞도록 써야 한다:
6. 상부 기관들-출판사들 위원회와 중앙 언론계-에게 편지를 보낼 때는 불친절하거나 멍청하거나 아니면 불충분하게 근거된 회신을 받을 것을 염두에 두어야 한다: 극단적인 경우에(하지만 아주 조심해서, SEJM-대표와 함께 반드시 숙의한 뒤에만!) 소련의 각 행정 부서 장관들에게나 당의 중앙위원회(CK)에 불평을 보낼 수 있지만, 그것은 피해야 한다."

"...Ĉiu klubo sendu ĉiusemajne unu aŭ plurajn leterojn (oficialan, grupan aŭ privatan) al unu instanco el la listo laŭ la indikita por ĉiu urbo ordo, ĝis ĉiu klubo kontaktos ĉiujn 22 instancojn. En viaj leteroj bonvolu atenti jenon:

1. por la petata literaturo tuj indiku, kiom da centoj aŭ miloj da ekzempleroj povos esti venditaj en via urbo;

2. substreku la intence aŭ neintence faratan en nia lando fortegan subtenon de la angla lingvo, kiel la internacia, malavantaĝe al la subteno de la rusa lingvo kaj la neŭtrala E-to, kio ege malutilas al la politikaj, ideologiaj kaj ekonomiaj interesoj de nia ŝtato; (...)

4. niaj leteroj estu laŭeble seriozaj kaj ĝentilaj, bone argumentitaj, akurate skribitaj, nelongaj kaj ne lamentaj; el ili estu videblaj fideleco al la idealoj de nia ŝtato, amaseco kaj populareco de nia Movado;

6. ricevonte malĝentilan aŭ stultan, aŭ nesufiĉe bazitan respondon, priparolu ĝin en letero al superaj instancoj: la Komitato pri eldonejoj kaj la centra gazetaro. Ekstremokaze (sed tre singarde, nur post nepra konsultiĝo kun la SEJM-prezidanto!) oni povus plendi al Soveto de ministroj aŭ al CK de la partio, tamen tio estas evitinda".

솔직히 나는 말하겠다: 내가 이 캠페인에 우호적 투표를 했는지는 기억나지 않지만, 필시 그랬을 것이다. 비록 그것을 회의적으로 받아들였지만, 그 시대에 나는 비슷한 캠페인의 충분히 좋은 자료들을 수집해 놓았기 때문이다. 그래도, 그 청년 열정에 반대 입장에 서 있을 수 없었다. 더구나, SEJM-클루보의 충실한 회원으로 있으면서, 우리는 그 편지를 썼고, 용서하세요. -전적으로 지시에 따라 포격을 했다. 정확한 편지쓰기를 위해, 주의를 기울이지 않아도 되도록, 타자기를 이용했다. 우리가 보낸 22개 편지에 회신은 한 개가 있었다!

우리의 진지하고 겸손하고 아주 잘 논점이 정리되고, 비한탄적인 편지에 대한 그 회신은 프로스베시체니예 ("Prosveŝĉenije" (지식)) 출판사로부터였다:

"귀하의 제...호에 답하여, 우리 출판사는 가까운 시기에 에스페란토 문학을 출간할 계획이 없음을 알려드립니다. 존경과 함께..."

아주 자세하고 상세한 대답. 다른 내용의 답변이 아니라서 좋았다... 내가 이 편집된 전설을 우리의 새 세대, 새 SEJM의 대표자들 그룹에 이 이야기를 했을 때, 어느 용감한 청년이 반박했다.

-저는 이해가 되지 않아요.- 그는 말했다. -지난 수십 년간, 선생님은, 당신의 노래로 전투장으로 나왔어요.

Sincere mi diru: mi ne memoras, ĉu mi voĉdonis por tiu-ĉi kampanjo. Verŝajne jes, kvankam akceptante ĝin skeptike, ĉar al tiu tempo mi jam havis sufiĉe bonan kolekton da rezultaĵoj de similaj kampanjoj. Tamen, ne povis mi kontraŭstari al la juna ardo, kaj, estante disciplinema SEJM-klubo, ni skribadis la leterojn, pardonu — kanonadis tute laŭinstrukcie. Eĉ uzis tajpilon por ne zorgi pri akurata skribo.

El niaj 22 leteroj estis respondita unu! La respondo al nia serioza, ĝentila, bone argumentita kaj ne lamenta letero venis el la eldonejo "Prosveŝĉenije" (Klerigado):

"Al via N°... de... ni informas, ke la eldonejo ne planas aperigi literaturon en Esperanto en proksima tempo.
Estime..."

Tre konciza kaj klara respondo. Bone, ke ne alia... Kiam mi rakontis tiun ĉi edifan legendon al grupo de reprezentantoj de nia nova generacio, de nova SEJM, unu brava junulo ekprotestis.
- Mi ne komprenas, — diris li, — dum pasintaj jardekoj vi, sinjoro, per viaj kantoj vokis al batalo.

이제 당신의 전설을 통해서는 우리에게 아무것도 하지 말고, 편안히 하나님이 주시는 만나 음식만 기다리라는 말로 이해가 됩니다만.

　-아니, 그런 말이 아니오. 나는 여러분에게 모델이 되는 관료 시스템에 대항하여 실수어린 행동을 알려 주려고 이 전설을 말하고 있습니다. 비슷한 시스템이라면 내가 여러분에게 알려준 것과 달리 반응할 수 없습니다. 그곳 공무원들은 엄격한 지시를 받고 있습니다; 만일 그들이 그 처방에 벗어나 행동한다면, 그들은 자신의 자리를 뺏길 위험이 있습니다. 그것은 촉망받는 공무원을 가장 두렵게 하는 위험입니다....

　그래, 나는 활발한 활동을 위해 있었고, 지금도 남아 있다. "종이 대포들"을 위해서조차도. 그래 "포격했는가?"라는 질문에 나는 언제나 대답할 것이다. 그래, 포격하되, 잘못 쏘지는 않기. 그걸 어떻게 조정하지 -토론해야만 하는 주제이다. 하지만 우리 전설에는 그 토론이 없었다.

물결은 피곤한 채 강변으로 철썩철썩거렸다.
우리는 고위급 인사와 평화로이 노를 젓고,
그분은 보트가 나아갈 동안 평화로이 앉아서는
그 터부시하던 주제에 대해 대화했다:
너무 탄력적이라는 현대 낱말들에 대하여
"글라스노스트"[8] 시대에 SSOD의 결정들에 대해,

---

8) *역주: 1986년 이후 소련의 고르바초프 정권이 추진하였던 개방을 확대하자는 정책

Nun per via legendo vi alvokas nin nenion fari kaj trankvile atendi la manaon ĉielan, ĉu tiel?

- Ne. Ne tiel. Mi rakontas la legendon por prezenti al vi, karaj, erarajn agojn kontraŭ modela burokratia sistemo. Simila sistemo ne povas reagi aliel ol mi tion montris, ĉar ties oficistoj havas rigorajn instrukciojn; se ili agus preter aŭ kontraŭ la preskriboj, ili riskus perdi siajn seĝojn. Tio estas la plej timiga minaco por prosperanta oficisto... Jes, mi estis kaj restas por aktivaj agoj. Eĉ por la "paperkanonoj". Do al la demando "Ĉu pafi?" mi ĉiam respondos: Jes, pafi. Sed ne mistrafi. Kiel aranĝi tion — estas la temo pridiskutinda. Sed ne en nia legendo.

Ondoj plaŭdis lacaj al rivera rando.
  Ni boatis pacaj kun person' altranga.
  Sidis li trankvila dum boata remo
  Kaj babilis pri la tabuata temo:
  Pri la vortoj modaj, kiuj tro elastas,
  Pri l' decidoj SSOD-aj en la temp' de "glasnost',

그렇다, 정치는- 멍청한 머리를 위해선 아냐,
성실은 아무 대가도 치르지 않는다.
들어보게, 친구여, -정직한 일로 인해
죄인이 되었네.
그는 우울한 눈길로 온화하게 말했지:
십만 명의 에스페란티스토가 있으면,
우리는 안 무너져, 피의 스탈린에게든,
배부른 브레즈네프에게든 기도해도 마찬가지네.
저항의 물결은 전혀 우리를 건드리지 않고-
긴 서랍 안에 종이쪼가리들만 쌓이네.
자네들의 종이쪼가리가 상부를 맞힌대도-
우리는 그걸 능히 침 뱉으며 짓밟아 버릴테니...
그래, 정치란 -멍청한 머리를 위해서는 아냐-,
수치심만 경계를 가지네.
친구여, 들어보게, -그런 이야기 때문에,
우리가 죄인이네. 말해 보세:
그래, 그들은 좋아하는 분야에서 자라네.
하지만, 그들은 정당한 나라를 위함인가?
이 기관총들은 누구의 플롯을 연주하는가?
던진 돌들은 누구의 밭으로 날아가는가?
-능숙한 이 말을 사람들은 분명히 믿으리,-
또 합법적 염원을 곧장 경험대로 선언하리.
그래, 정치란 -멍청한 머리를 위해서는 아냐,
배신이 마음을 때리네.
친구여, 들어봐, -그 적절한 결심 때문에.
우리가 죄인이네.

Jes, politik' — ne por la kapoj stultaj,
Kostas nenion sincer'.
Aŭdu, amik', — ankaŭ ni estas kulpaj
Pro la honesta afer'.
Li parolis milda kun okuloj tristaj:
Havu eĉ cent mil da geesperantistoj,
Ni ne povas fali, ĉar egalas preĝi,
Ĉu al sanga Stalin, ĉu al sata Brejnev.
Ondoj de l' protesto tute nin ne tuŝas —
En la longa kesto paperaĉoj kuŝas.
Eĉ se supren trafos via paperaĉo, —
Ni ĝin tuj mortpafos per la lerta klaĉo...
Jes, politik', — ne por la kapoj stultaj,—
Havas la limojn humil'.
Aŭdu, amik' — ankaŭ ni estas kulpaj,
Pro tiuspeca babil'.
Ni diru: Jes ili haste kreskas en labor' ŝatata.
Sed, kiu ili estas por la justa ŝtato?
Kies fluton ludas tiuj ĉi masonoj?
Kies kampon flugas la ĵetitaj ŝtonoj?
— Lertan ĉi parolon fidos oni, certe,-
Kaj laŭleĝan volon tuj deklaros sperte.
Jes, politik', — ne por la kapoj stultaj,
Rompas la koron perfid'.
Aŭdu, amik', — ankaŭ ni estas kulpaj,
Pri l' oportuna decid'.

사무 리스트에서 당신 차례가 올테지,-
당신에겐 전혀 생소한 일이, -우표수집가들 뒤에.
많이도 당신을 오래전부터 불렀고
이미 그것들은 정리되어 있네.
그리고 더 희망하리, 에스페란토 무리여.
우리가 당신을 외국에 제대로 소개할 동안.
그래, 정치란-멍청한 머리를 위해선 아냐-,
잊음이 그 배신을 씻어내리.
친구여, 들어 봐- 그 비슷한 진전 때문에.
우리가 죄인이네.
 민주주의는 저리 가라! 오직 당신 선의를 위하여만.
우리는 당신 문제들을 투표 없이 해결하리라.
그러나 상황은 새 특색을 띨 것이고,
그리고 당신은, 그럼에도, 권리를 갖겠지-
보트가 떠가는 동안에 편히 더 오래 앉아
그 터부시하는 주제에 대해 경청할 권리를.

Vi ricevos vicon en oficaj listoj, —
Por vi tute lican, — post filatelistoj.
Multaj vin delonge vokas, origitaj,
Kiuj jam delonge estas ordigitaj.
Kaj esperu plue, esperanta bando,
Dum ni prezentos flue vin en eksterlando.
Jes, politik', — ne por la kapoj stullaj, —
Viŝos la trompon forges'.
Aŭdu, amik', — ankaŭ ni estas kulpaj,

Pro la simila progres'.
For demokration! Nur por via bono
Ni problemojn viajn solvos sen voĉdono.
Sed la situacio havos novan trajton,
Ke vi, malgraŭ ĉio, tamen havos rajton—
Sidi plu trankvila dum boata remo
Kaj aŭskulti pri la tabuata temo.

09. 황금에 대한 열기

에이, 저 가짜 친구들로부터, 하나님, 우리를 구원해 주세요...

15년마다 규칙적으로 우리 집에 편지로 또는 직접 방문해서 나를 속이려는 사람들이 생겼다. 그리고 매번 꼭같은 천재적인 방법으로. 그렇게 나를 최근 찾아온 이에게 내가 웃으며 말했다.

-이보게, 친구! 모든 세대가 이론적으로 똑 같은 방법으로 속임을 당할 수 있다는 걸 난 알아요. 하지만 나는 지금 벌써 내 자각하며 살아온 생애 동안 3번째 시도를 경험하고 있어요. 그러니, 나는 이 모든 것을 잘 알아요. 청년들을 공략하는 일에 좀 친절하게 해봐요. -아마 그들에게도 당신 제안은 매력적일 수 있어요...

그래, 내가 에스페란토 학습을 방금 시작했을 때, 내게 국제 그림엽서 놀이에 대한 편지가 왔다. 나는 그것을 누가 보냈는지는 이젠 기억하고 있지 않지만, 그것이 대표적인 짧은 내용이라, 그것을 더 나중의 것들을 설명하는 예로 들어 보자.

"...나는 당신이 당신 나라의 그림엽서를 첫 수신자에게 보내길 요청합니다. 나중에 이 편지를 4번 다시 써서는 당신이 그림엽서를 보낸 그 첫 수신자를 제외한 매 쓰인 주소들에, 당신 주소를 5번째로 기입해 주세요. 그 복사물을 다양한 나라의 지인들에게 보내 주세요. 이 놀이는 중단되면 안 됩니다. 그리고 당신 주소가 번호 1로 맨 위로 올 때, 당신은 수많은 그림엽서를 받게 됩니다!

09. La ora febro

Ehh, savu nin dio de amikoj falsaj!...
Regule post ĉiu dekkvinjara periodo mian hejmon vizitas perletere aŭ persone la homoj, kiuj deziras min trompi. Kaj ĉiufoje per la sama genia metodo. Al la lasta veninto mi kun rido diris:
— Karulo! Mi komprenas, ke ĉiu generacio teorie povas esti trompita samrimede. Sed mi travivas nun jam trian provon dum mia konscia vivo, do mi ĉion scias. Afablu ataki junularon — eble por ili via propono ŝajnos loga...
Do, kiam mi ĵus estis komencinta lernadon de Esperanto, venis al mi letero pri internacia bildkartludo. Mi ne memoras jam, kiu ĝin sendis, sed pro ĝia modela kurteco mi prezentu ĝin kiel ekzemplon por pli postaj klarigoj:
"...Mi petas vin sendi koloran poŝtkarton de via lando al la unua adreso. Poste kopiu ĉi tiun leteron kvarfoje kun ĉiuj skribitaj adresoj krom la unua, al kiu vi sendas b.k., kaj skribu vian adreson sub la numero 5. La kopiojn sendu al viaj konatoj en diversaj landoj. Bonvolu ne interrompi la ludon, kaj kiam via adreso venos al la numero unu, vi ricevos multon da bildkartoj!

당신이 성공하길!"

  그래서 보니 정말 5개 나라의 5개 주소가 뒤따랐다. 그 생각은 내게 흥미로웠다. 나는 그때 간단한 계산 방식만 알고 있었지만, 이것은 내가 계산하기에 충분했다. 내 주소를 계속 여러 번 옮겨 적기만 하면, 그래서 내가 번호 1로 돌아 올것이고, 나는 약 3,000개의 그림엽서를 받게 될 것이다. 오호라! 내가 담임 선생님께 이 편지를 제시하자, 그 선생님은 이렇게 말했다.

-시도해 보게, 너는 잃을 게 별로 없으니, 나중에 그 결말을 내게 설명해 주게.

  나는 시도해 보았다. 3달 동안 고통스런 기다림 뒤에 나는 그림엽서 2장을 받았다. 정말 기뻤다. 한 편지는 저 먼 아르헨티나에서 왔다. (그 아르헨티나인과는 나는 여러 해 서신 교환을 했다.) 그리고 더 큰 시련도 있었다. 왜냐하면 -그 고대하던 3천 장의 그림엽서는 어디로 사라졌는가?

-그 많은 사람이 제때 그 놀이를 해 보지 않고, 그 놀이에 무관심했을까요? -나는 선생님께 물었다.

-전혀 아니지요. 간단히 자네에겐 이미 사람들이 남아 있지 않아요. - 선생님은 말했다. 그리고 나에게 러시아에서 초기 혁명 이후의 시절에 발간된, 페렐만(Ja. Perelman)이 저자인 『즐거운 수학』이라는 책을 내게 보여주었다. 그 책에 실린 여러 이야기 중 하나는, 금세기 초, 어느 잡지에 이런 광고가 생겼다고 알려 주었다. "여러분! 30코페크로 자전거를 구입하세요!"

Sukceson al vi!" Sekvis kvin adresoj vere el diversaj landoj.

La ideo plaĉis al mi. Mi tiam konis nur simplajn matematikajn agojn, tamen tio sufiĉis por ke mi kalkulu: per konstanta multobligado de mia adreso, dum ĝi iros al la numero 1, mi devas ricevi ĉirkaŭ 3000 bildkartojn, oho! Mi montris la leteron al la Instruisto, tiu diris:

— Provu, vi nemulton perdos, kaj poste mi al vi klarigos ĉion.

Mi provis. Post turmenta atendo dum tri monatoj mi ricevis du bildkartojn. Estis granda ĝojo, ĉar unu el ili venis el forega Argentino (kun tiu argentinano mi ekkorespondis por multaj jaroj), estis ankaŭ granda ĉagreno, ĉar — kien malaperis la atendataj tri mil bildkartoj!?

— Ĉu tiom multaj homoj estas neakurataj kaj rompas la ludon? — Demandis mi al la Instruisto.

— Tute ne. Simple por vi jam ne restis homoj. — Li respondis. Kaj donis al mi la libron "Amuza matematiko" de brila aŭtoro Ja. Perelman, eldonitan en la unuaj postrevoluciaj jaroj en Ruslando. Unu el historioj de tiu libro rakontis, ke en la komenco de nia jarcento en iu gazeto aperis anonco: "Gesinjoroj! Gajnu biciklon kontraŭ 30 kopekoj!"

다른 내용은 내가 위에서 언급한 그 편지 내용과 거의 같았다. 첫 수신자에게 30코페크를 보내고, 여러분 친구들에게 5통의 편지를 추가로 보내면, 당신은 자전거를 살 충분한 돈을 받게 됩니다. 내 실수는 이런 겁니다. 나는 5번째 주소를 내 주소로 해서 계산한 것이다.『즐거운 수학』의 저자는 더 멀리 계산해 보는 것을 요청했다. 분명한 것은, 자전거를 구입하려면 그 놀이의 8째 참여자가 자전거를 구입할 수 있으려면 이때 이미 모든 러시아사람이 참여해야만 하고, 12째나 13째 참여자가 되려면 이미 우리 지구상에 어떤 사람들도 그에 속할 수 없다는 계산이다! 나는 이 등비급수를 잘 이해하고는, 적어도 그 "놀이"로 인해 내게 선물처럼 온, 아주 좋은 아르헨티나 사람을 얻은 행운으로 감사했다.

　약 15년이 지났다. 그리고 내 우편함으로 몇 번의 유사 제안의 편지들이 들어섰다. 그 우편물들은 러시아어로 씌여 있었는데, 나를 부자로 만들어 주겠다고 약속했다. 만일 내가 1루블만 보내고 또 5장의 편지만 보내기만 하면 된단다. 우리 세기의 처음부터 그 값이 3배로 인플레이션이 되었다. 그래서 1루블은 그 당시의 30코페크에 해당했다. 그러나 그 받게 될 금전의 합계로는 자동차도 살 수도 있다고 했다! 그리고 그것은 감동을 주었고, 나의 참여를 유도했다. 시작하는 자는 얻으리라 - 나는 어느 어린 시절에서 여전히 이해했다. 그 시작한 자들은 몇 명이었고, 그들 중에, 놀랍게도, 에스페란티스토도 한 사람 있었다.

La cetera teksto preskaŭ egalis al tiu de la letero, kiun mi montris supre; sendinte nur 30 kop. al la unua adreso kaj nur kvin leterojn al amikoj, vi ricevus monsumon, sufiĉan por aĉeti biciklon. Mia eraro estis, ke mi kalkulis ĝis la kvina, la mia adreso. La aŭtoro de "Amuza matematiko" invitis kalkuli pli foren. Evidentiĝis: por ke biciklon aĉetu la oka partoprenanto de la ludo, ĝin devas partopreni jam ĉiu ruslandano, kaj por la 12-a aŭ la 13-a ne sufiĉus jam loĝantaro de nia planedo! Mi bone komprenis tiun ĉi geometrian progresion kaj dankis la fortunon pro almenaŭ tiu bonega argentinano, donacita al mi per la "ludo".

Pasis ĉirkaŭ dekkvin jaroj, kaj en mian poŝtkeston falis eĉ kelkaj similaj proponoj. Verkitaj ruslingve, ili promesis riĉigi min, se mi sendos nur unu rublon kaj kvin leterojn. Ekde komenco de la jarcento inflaciis trioble la prezo, do rublo estis anstataŭ tiuj tridek kopekoj iamaj. Sed kontraŭ la ricevota monsumo vi povus aĉeti aŭtomobilon! Jen tio inspiris kaj vokis al la partopreno. Gajnas tiu, kiu komencas — komprenis mi ankoraŭ en la infanaĝo. La komencintoj estis kelkaj kaj inter ili, al mia mirego, estis unu esperantisto!

클루보의 일개 회원은 아니고, 그 모임 대표였다. 더 놀란 것은 - SEJM에서 연차대회의 조직을 위임받은 사람이었다! 나는 그를 페트로 레디스킨(Petro Rediskin) 이라고 부르겠다. 이 첫 시도자가 보탠 그 주소록은 적어도 다양한 도시명과 인명이 들어 있었다. 레디스킨 동무는, 아이처럼 순진하고 정직한, 그 작은 교활한 놀이에 대해 관심조차 없었던 에스페란티스토들에게만 자신의 편지를 보냈다. 황금에 대한 열정, 부자가 되고 싶은 갈증이 그만큼 그를 망쳐 놓았는데, 그는 요청 형식도, 제안 형식도 아니고 -거만하게 요구하는 형식으로!

먼저 그는 그 놀이가 1963년 당시 유명 잡지 "스메나"에서 시작되었다고 강조하고, 그 때부터 그 놀이는 중단 없이 참여자들을 부자로 만들었다고 강조했다. 나중에는, 그가 요구하기를, 내가 그의 편지를 받고서 2~3일 내에 루블과 편지들을 보내라고 했다. 더욱이 그는 반 페이지에 나더러 정직해 지라(!)며 그 주소들을 없애지도 말고 그 내용도 달리 수정하지 말도록 요구했다.

그러나 페트로 레디스킨의 주요한, 가장 호사한 아이디어는 그의 주소록이었다.

그 다섯 주소들 중 맨 마지막은 분명 그의 주소였다. 그럼 4째는 -상상해 보라! 아니, 그의 존경하는 아내가 3번째였다.

그런데 4째는 그의, 에스페란토 클루보의, 레디스킨 동무만 사용하는 그의 에스페란토 클루보의 개인 예금 계좌였다.

Ne simpla klubano, sed kluba prezidanto, eĉ pli — la homo, al kiu SEJM konfidis organizon de vica tendaro! Mi nomu lin Petro Rediskin. La listo da adresoj, kiujn aldonis ĉiu komencinto, enhavis almenaŭ diversajn urbojn kaj familinomojn.

Kamarado Rediskin, sendinta siajn leterojn nur al esperantistoj, homoj fidemaj infane kaj honestaj, ne zorgis eĉ pri tiu eta ruzaĵo. La ora febro, la soifo al riĉiĝo tiom rodis lin, ke li ne petis, ne proponis — aroge postulis!

Komence li asertis, ke la ludon komencis la populara revuo "Smena" ankoraŭ en 1963, kaj ekde tiam ĝi seninterrompe riĉigas la partoprenantojn. Poste li postulis, ke mi sendu rublon kaj leterojn dum 2-3 tagoj post ricevo de lia letero. Plue li sur duonpaĝo admonis min esti honesta (!), ne forstreki la adresojn kaj ne kripligi la tekston.

Sed la ĉefa, la plej luksa ideo de Petro Rediskin estis lia adresaro. Inter kvin adresoj la kvina, certe estis lia persona. La kvara — divenu! Ne, la adreso de lia estimata edzino estis la tria. Sed la kvara estis ŝparkonto de lia kara Esperanto-klubo, kontrolata nur de k-do Rediskin.

두 번째는- 나는 이미 다시 웃음이 나온다. 왜냐하면, 도로명이나, 집이나 아파트를 통해 판단해 보면, 그 둘째는 그가 좋아하는 이웃집 여성이었다.

맨 위에 자리한 동무는 인근 도시에 거주하는 처제였다. 그런 식으로 페트로 레디스킨은 3,125+625+125=3,875 루블을 받을 수 있으리라 추측했다. 그래서 그 당시 가장 귀중한 거금이 된다. 25루블은 그 이웃집 여성이, 5루블은 인근 도시의 처제가. 그래, 아름답다!

나는 그 편지를 던져 버리고, 그 저자에게 직접 놀리는 그림엽서를 써 보았다. 그러나 이틀 뒤, 그 SEJM 남녀 회원들의 분개하는 내용이 담긴 편지가 나에게 왔다. 이는 필시 "그 정직한 사람" 레디스킨이 자신의 그 편지들을 다섯 사람에게만 보낸 것이 아니라, 수많은 에스페란티스토들에게 뿌렸다는 것이다. 필시, 그리 위험을 감수하지 않기 위해서였으나, 온전히 보장된, 더 많은 이익을 받으리라고 여기면서.

그 때문에 나는 "황금의 열기"라는 제목의 기사를 써서 이것을 우리의 회보 <Aktuale>의 다음 호 출간에 맞춰 발송했다. 나는 "정직한 이를 위한 놀이"가 구걸 행위와 비슷하고, 그 첫 시도자를 염치없게 하고, 명예를 더럽히는 일이라고 썼다. 나는 이 놀음의 수학적 기초에 대해 상세히 썼고, 그것은 1963년을 시작으로 중단 없이 존재할 수는 없음을 설명해 주었다.

La dua — mi jam denove ridas, ĉar, juĝante laŭ la strato, domo kaj apartamento, la dua estas tiu de lia ŝatata najbarino. Nur la unuan lokon la kamarado grandanime oferis al sia bofratino, loĝanta apudurbe.

Tiamaniere Petro Rediskin supozis ricevi 3125+625+125=3875 rublojn, kio tiutempe estis tre grava monsumo. Dudek kvin rublojn ricevus la najbarino kaj kvin rublojn — la apudurba bofratino. Nu, bele!

Mi estus forĵetinta la leteron kaj skribinta mokan poŝtkarton al la aŭtoro persone. Sed dum du tagoj venis al mi kelkaj indignaj leteroj de ge-SEJM-anoj, el kiuj mi komprenis, ke "la honestulo" Rediskin sendis siajn leteraĉojn ne al kvin, sed al multe pli da esperantistaj adresoj. Verŝajne, por ne tro riski, sed ricevi tute garantiatan kaj multe pli altan profiton.

Tial mi skribis artikolon, titolitan "La ora febro" kaj sendis ĝin por la proksima numero de nia informbulteno "Aktuale". Mi skribis, ke la "ludo por honestuloj" similas almozpetadon, do humiligas kaj diskreditigas la komencinton. Mi skribis detale pri la matematika fundamento de ĉi-ludo, klarigante, ke ĝi ne povas ekzisti senpaŭze ekde 1963.

나는 SEJM의 모든 회원에게 그 동무가 개발된 그 주소록에 대해 함께 웃어 주기를 호소했다.

<Aktuale>의 당시 편집장은 진지하고 조심스런 사람이었다. 그는 나에게 이렇게 대답했다: "당신이 보낸 기사에 관해서 나는 오랫동안 고민해 보았는데 마침-내, 그걸 기사화하지 않기로...했다.

SEJM에서 그를 올해 아주 중요한 역할을 할 인물로 여기고 있는데, 나는 어떻게 그 문예란에 어떤 반응이 올지 상상할 수 없다: 그는 어느 정도는 야망이 있는 것 같다..."

나는 그 열정을 가진 이, 페트로 레딘스킨 동무가 자신의(용서하세요, 우리의) 수천 루블을 받았는지 알지 못하지만, 그가 마련한 행사는 모범적으로 나쁘게 조직되었다. 6가지 다양한 샘플의 구색을 갖추지 않은 배지가 판매용으로 제공되었다 하더라도. 비록, 몇 활동자들의 쉼 없는 헌신적인 활동 덕분에, 전적으로 모든 일은 유쾌하게, 충분히 인상적으로 지나갔고, 그래서 -레디스킨과 함께 그 악마도!

그러고서 또 다른 15년이 더 지났다. 우리의 불쌍한 나라에 자유시장 경제가 들어서고, 많은 변화를 가져왔다. 그 유명한 놀음의 순차적인 초심자들도 그 놀음을 새로운 상황에 맞게 변화시켰다. 우리 집을 방문한 사람이 있었는데, 자신을 리가(Riga)에 주소를 둔 어느 회사 소속이라고 했다. 그와 관련된, 당시 편지들은 이제 "자비심의 주식"이라 이름이 지어졌고, 여러분은 1,500루블을 지불하고, 주식 5장을 사야만 했을 것이다.

Mi alvokis ĉiujn SEJM-anojn ridi kune pri la Adresaro, inventinta de la kamarado.

La tiama redaktoro de "Aktuale" estis homo prudenta kaj singardema. Li respondis al mi: "Pri via artikolo mi longe hezitis kaj fin-fine — ne aperigis... Necesas konsideri, ke li estas ulo, de kiu SEJM tre grave dependas ĉi-jare, kaj mi ne imagas, kiel li povus reagi al tiu felietono: ŝajnas, ke li estas certagrade ambicia...

"Mi ne scias, ĉu ricevis la febrinto, kamarado Petro Rediskin, siajn (pardonu — niajn!) milojn, sed la tendaro, kiun li aranĝis, estis organizita modele malbone. Kvankam estis produktitaj por vendo eĉ ses diversaj specimenoj da sengustaj insignoj. Kvankam, dank' al sindona senripoza agado de kelkaj aktivuloj tutegale ĉio pasis gaje kaj sufiĉe impresige, do — diablo kun tiu Rediskin! Pasis pliaj dekkvin jaroj. Venis libera merkato al nia kompatinda lando kaj alportis multajn ŝanĝojn. Ankaŭ vicaj komencantoj de la fama ludo evoluigis ĝin konforme al la nova situacio. La homo, veninta en mian hejmon, nomis sin kuriero de iu kompanio en Riga. La iamaj leteroj ĉe li jam nomiĝis "akcioj de mizerikordo", kaj vi devus aĉeti kvin tiujn akciojn kontraŭ 1500 rubloj.

여러분이 하는 유일한 일이란 -그것들을 여러분의 친구에게 팔고 나면, 약 1달 뒤에는 200,000주를 받게 된다는 식이었다. 그 나쁜 의도를 가진 작자는 덧붙인 설명에서는, 그 돈의 일부는(얼마일까?) 체르노빌 원전사고로 고통받고 있는 아이들이 받게 된다고 했다.

내가 그 무례한 남자를 내쫓자, 그는 이웃집의 초인종을 눌렀다.

아, 하지만 우리 동무, 페트로 레디스킨씨는 어디로 사라졌는가? 용서하세요 -그는 살아있고, 살아서, 한편으로 다른 놀음에 참여하고 있다. 아주 우연하게도 나는 그의 이름을(그렇게 우연일 수는 없다) 어느 중앙 잡지에 추첨 당첨자 명단에서 보게 되었다. 일본 녹음테이프 5개를 두고 인사와 함께 우편엽서로 응모한 사람 중에 여럿이 당첨되었다. 그래 -레디스킨에게도 기회가 왔다. -그래서 그는 여전히 말의 등에 타고 있다.

존경하는 부모-에스페란티스토들이여, 여러분의 어린 아이에게 이렇게 알려주세요: 21세기 문턱에서 여러분의 아이들이 어떤 남자가 진지한 표정이나 정중하게 물 표시가 된 천연색 종이쪽지 같은 것을 내밀고, 그 남자가 다 큰 자식들에게 "제3의 천년대에 3백만 루블을 받으라"라는 제목으로 아주 멍청한 놀이를 제안하면, 이렇게 설명을 해 주시라. 그 자녀들에게. 저 나쁜 작자에게 어찌 대답해 줄지를 설명해 주고, 더구나 -그 종이가 어디로 사용될지를 설명해 주세요. 그러면 그들은 잊지 않을 것이다....

Via sola tasko estis — vendi ilin al viaj amikoj kaj atendi — nu, ĉirkaŭ ducent milojn dum proksima monato. La aĉuloj eĉ informis en la aldonata klarigo, ke parton de la mono (kiom?) ricevos infanoj, suferintaj en Ĉernobil! Mi forpelis tiun senhontan viron, kaj li eksonoris al la najbara pordo.

Ha, sed kien malaperis nia kamarado, pardonu — jam sinjoro Petro Rediskin? Vivas li, vivas kaj partoprenas dume aliajn ludojn. Tute hazarde mi trovis lian nomon (ne eblas koincido hazarda!) inter la gajnintoj de lotumado en unu centra gazeto. Inter tiuj, kiuj sendis poŝtkarton kun saluto al la redakcio, oni lotumis kvin japanajn magnetofonojn. Do — ridetis la fortuno al sinjoro Rediskin, do — surĉevalas li ankoraŭ!

Karaj gepatroj—esperantistoj! Instruu jenon al viaj etaj infanoj: ĉe sojlo de la dudek unua jarcento povas veni al ili gravmiena viro, aŭ grava eĉ akvosigna multkolora paperaĉo. Ili proponos al viaj jam plenaĝaj etuloj grandiozan ludon kun la titolo, ekzemple: "Gajnu tri milionojn por la tria jarmilo!". Klarigu, do, al viaj heredantoj, kion respondi al la malbona onklo, des pli — kien uzi la paperon. Eble ili ne forgesos...

그대는 두 손으로 파랑새를 잡았나요?
-그렇게 SEJM 회원들은 일해 왔네.
그러나 그들에게 무더기의 지지가 왔네.
마침내 '초록 정원(Verda Ĝardeno)'이 생겼네.
그리고 논리적으로 자연스러운 결정이 왔네:
-들판 같은 정원은 가꾸어야지.
 자, 이제 초록 정원에
우리는 앉았네, 많기도 하고, 우리 모두가 듣고,
우리는 듣고 있네.

온 정원에 소식이 자세히 알려졌네-
황량하여, "조잡하고", 아주 "실제적이네".
그러나 한편으론 -절대의 톱같이 자라네:
-그대들은 너무 부자로 사네- 결론이 나오고,
문화란 정중한 태도를 요구하네!
이제 누군가 또 소식지를 받았네.

이제 약속이 있었네: 문화의 조건 속에서
우리에겐 외국 여행이 많아지리라.
또 고침이 있었네: 인상적인 여행을 하려면
자각하는 사람들만 그 대회로 갈 수 있다네.
-정원이 황량하여 자각은 부족할 수밖에.
누가 대표로 이 넓은 러시아를 떠나 출국했던가?
 …

Ĉu vi bluan birdon kaptadis per manoj?
— Jen tiel laboris unuaj SEJM-anoj,
Sed venis al ili amasa subteno,
Do, fine, aperis la Verda Ĝardeno.
Kaj venis decido, logike natura:
— Sovaĝa Ĝarden' devas esti kultura.
Jen, en Verda Ĝarden',
Ni sidas, ni multas, ni ĉiuj aŭskultas,
Ni ĉiuj aŭskultas.

La tuta Ĝarden' informiĝis detale, —
Sovaĝe, sed "Kurte" kaj tre "Aktuale".
Sed jen — Kulturig' kun segil' absoluta:
— Vi fartas tro riĉe — aperis konkludo,
Kulturo postulas modestan sintenon!
...Nun iu kaj iam ricevas bultenon. ...

Jen estis promes': en kondiĉoj kulturaj
Abundos por ni eksterlandaj veturoj.
Kaj estis korekto: por fari impreson
Nur homoj konsciaj veturos Kongreson!
— Sovaĝas Ĝardeno, do mankas konscio,
Ĉu iu veturis el vasta Rusio?

...

10. 세계에스페란토대회 여행

　때-때로, 아주 간혹, 거의 우연이라 할 정도도 우리 중 몇 명이, 그런 상황에도, 외국 여행을 할 수 있었다. 그 여행은 그리 많은 루블 화폐가 요구되지는 않았다. 주요하고도 겨우 실현 가능한 임무는 -필요 서류를 준비하는 것이다.

　하나님 덕분에, 우리의 행복한 다음 세대 후배들은 우리가 외국 여행하는데 가장 중요한 서류가 공무 성격이었음을 거의 믿지 못하고 있다. 그 문건을 작성한 이는 당시 당신 직장의 대표였다. 당신 직장의 "사인방"* 이 서명한 그 문건을 당신이 참석한 자리에서, 당신 직장의 당 위원회가 심사했다. 그 위원회 위원들은 당신에게 예를 들어, 어떤 잡지(신문)를 구독하고 있는지, 중앙 당위원회(CK KPSU)의 지난번 전체 회의의 결정 사항이 무엇인지를, 또 왜, 전반적으로, 외국 여행하려는지를 - 이미 우리나라의 모든 것을 보았는지, 또 다른 비슷한 쓸데없는 것들을 물어보았다.

　그리고 만일 당신이 정말 겸손하게 행동하지 않으면, 당신이 계획하는 그 해외여행은 이미 이곳에서 끝날 수도 있다. 왜냐하면, 당 위원회에서는 당신이 이 여행을 할 도덕적 준비가 안 되어 있다고 결정할 수 있기 때문이다. 그 심문을 통과하면, 당신은 가장 상부의 단계에 가야 한다. -시당 위원회로. 한 달에 한 번 그 기관은 외국 여행자들의 성격을 검토하러 특별회의를 연다.

10. Vojaĝo al UK

Foj-foje, tre malofte, preskaŭ hazarde iuj el ni tamen vojaĝis eksterlanden. Tiuj vojaĝoj postulis ne tro multe da rubloj. Ĉefa kaj apenaŭ efektivigebla tasko estis — aranĝi necesajn dokumentojn. Dank' al Dio, feliĉaj niaj posteuloj eĉ ne kredas, ke la plej grava dokumento por veturi eksterlanden estis ofica karakterizo. Tiun devis verki via senpera estro. Ĝin, subskribitan de la "kvarangulo"* de via fako, pridiskutadis en via ĉeesto la partia komitato de la entrepreno, kie vi laboris. Membroj de la komitato demandadis vin, ekzemple, kiujn ĵurnalojn vi abonas, kion oni decidis dum la lasta plenkunsido de CK KPSU, kial, ĝenerale, vi deziras veturi eksterlanden — ĉu vi jam ĉion en nia lando vidis, nu kaj aliajn similajn aĉaĵojn.

Se vi ne tro humile kondutis, via vojaĝo eksterlanden povis finiĝi jam tie ĉi, ĉar la partia komitato povis akcepti la decidon, ke vi ne estas morale preta por la vojaĝo. Trapasinte tiun ekzekutadon, vi devis veni al la plej supra ŝtupo — en la urban partian komitaton. Unufoje en monato tiu organo speciale kunsidis por pridiskuti la karakterizojn de vojaĝuntoj eksterlanden.

그 회의에는 당연히 지방 국가보안위원회(KŜS)의 대표자가 반드시 참석한다. 그곳에서 사람들은 당신에게 질문도 하고, 그리 많지 않지만, 좀 천-천-히 진행되고, -왜냐하면 그 단계에서 당신의 운명은 거의 분명히 결정된다. 보통 시당 위원회 임원단은 그 외국 여행을 희망하는 이들을 거절하는 경우가 거의 없다. 그들은 당신이 만족한 채로 멀리 갈 수 있도록 당신의 의사에 동의하는 서명할 수 있다. 그러나 여권은 받지 못할 수도 있다.

그 놀라운 내무부의 비자 및 허가 부서("OVIR"*)는 한 달, 또는 더 이상의 기간에 심사하고는, 당신에 관한 많은 서류(이미 언급된 빌어먹을 성격, 자기소개서, 당신의 민족성, 당성, 평생의 직장 경력 등을 적시한 특별 질문서)를 검토하고, 당신에게 아무 설명도 없이 여권 발급을 하지 않을 수도 있다.

"멍청이!"- 당신은 그리 말할 것이고, 당신 말이 맞을 것이다. 하지만 그것은 아직 끝이 아니다. 당신은 아주 특별한 경우에만 가장 가까운 친지 방문을 목적으로 외국에 혼자 여행할 권리가 있다. 아니면 -만일 당신이 영원히 외국에 나가서 안 돌아오려면. 다른 경우에는 당신은 여행 단체와 함께, 그 단체와 그 단체 지도자와 함께 말이다...

하지만 나는 더 자세히 말하고자 한다. 즉, 온전한 서술된 겸손함과 토할 것 같은 질서는 수많은 일반 시민에게만 의무적이었다 라는 점은 더 자세히 말하고 싶다.

La kunsidon nepre partoprenis reprezentanto de loka KŜS. Tie oni vin ankaŭ demandis, sed ne multe kaj iom pigre — ĉar en tiu ŝtupo via sorto jam estis preskaŭ klara. Kutime la urba partia estraro preskaŭ neniam rifuzis al la eksterlandontoj. Ili povis subskribi vian karakterizon, por ke vi iru for kontenta, sed la pasporton vi povus ne ricevi.

La mirakla "OVIR"*, analizinte dum monato aŭ eĉ pli viajn dokumentojn (la jam menciitan damnitan karakterizon, aŭtobiografion, specialan enketilon kun indiko de viaj naciaparteno, partianeco, laborlokoj dum la tuta vivo ktp) povis ne doni al vi la pasporton eĉ sen klarigi la kaŭzojn.

"Koŝmaro!", — diros vi, kaj vi pravos. Sed tio ne estas ankoraŭ fino. Vi rajtis eksterlandiĝi sola nur ekstremokaze, ĉe la vojaĝo al la plej proksimaj parencoj. Aŭ — se vi eksterlandiĝis por ĉiam. Aliokaze vi devis veturi nur kun turista grupo, nur kun la grupo kaj ties gvidanto...

Mi tamen deziras precizigi, ke la tuta priskribita humiliga kaj naŭza ordo estis deviga nur por la amaso da ordinaraj civitanoj.

공식 고위직 공무원들은 분명히, 혼자서, 또 가족을 데리고, 무료로(국가가 그 비용을 지불한다) 또 그만큼 노력하지 않아도, 오래 걸려 작성해야 하는 서류뭉치를 제출하지 않아도 여행을 쏘다니기도 한다.

더 자유롭게 여행하는 이들은 배우들과 스포츠인들이다. -그러나 그 사람들은 국가 당국(공산당)에 충성도나 신임도가 충분히 확인되고 입증된 경우에 한한다. 미숙한 작은 행동이 한 가지라도 있는 개인인 경우엔 "네비예즈드뇨이("nevijezdnoj")"(출국 불허)이고, 결코 더는 해외로 갈 기회가 없게 된다. 에스페란토 운동에 열심 활동가들이 바로 그 불허가 되는 아주 작은 행동 중 한 가지였다.

다른 나라의 "에스페란토-조직체"들에 우리 소련이라는 나라에도 에스페란티스토들이 존재함을 알리는 데에는 아주 적은 수효의, "믿음이 가는" 인사들만 보내면 되기 때문이었다. 그들에 대해서는 내가 이미 앞에서 이야기해 두었다. 그러나, 만일 다수의 에스페란티스토가 모이는 행사, 예를 들어, 세계에스페란토대회(Universala Kongreso) 경우, 개최지가 우연히도 동구라파의 어느 믿을 만한 나라라면, 그것은 진짜 행운이다. 그때에 SSOD는 믿을 만한 에스페란티스토들의 수효를 넓힐 위험을 감수했다. 그때, 그 국제에스페란토행사에 한 개 또는, 여럿의 "특별" 여행자 단체가 차편을 이용해 여행할 권리를 가진다. SEJM 회원들 조차도도 그런 단체에 들어갈 기회가 생겼다.

Oficialaj altpostenuloj, certe, veturadis solaj kaj familie, senpage (la ŝtato pripagis) kaj sen tiom klopoda, longdaŭra, nervoraba preparado de la dokumentaro.

Pli libere vojaĝis ankaŭ aktoroj, sportistoj — sed nur tiuj, kies lojaleco aŭ fideleco al la ŝtato (komunista partio) estis sufiĉe konfirmita kaj elprovita. Pro unu mallerta ageto ajna persono povus akiri la titolon "nevijezdnoj" (neelveturanta) kaj neniam plu trafi eksterlanden. Aktiva okupiĝo pri Esperanto estis unu el tiuj malpermesigaj agetoj.

Por prezenti ekziston de esperantistoj en la lando al la alilandaj "E-organizaĵoj" estis bezonataj nur nemultaj "fidindaj" personoj. Pri tiuj mi jam rakontis. Sed se iu amasa esperantista kunveno, ekzemple Universala Kongreso, hazarde okazis en iu fidinda ŝtato orienteuropa, ĝi estis vera feliĉo, ĉar tiam SSOD riskis larĝigi la rondon de fidindaj esperantistoj. Tiam al la internacia E-kunveno rajtis veturi unu aŭ eĉ kelkaj "specialaj" turistaj grupoj. Eĉ SEJM-anoj povis trafi tiujn grupojn!

불가리아에서 개최예정인 그 세계대회와 관련해서 1978년 우리 중에는 자신의 희망을 그 대회에 걸기도 했다. 왜냐하면 소련사람들에겐 세계대회가 1970년 부다페스트에서 개최된 이후로 세계대회에 참석할 유일한 기회였다. -정말로, 처음으로 SSOD는 그곳에 3개의 "특별" 단체를 보낼 계획을 세웠다. 그러나 참가 희망자들은 그것보다 훨씬 많았다.

나는 그 3개 단체 중 한 곳에 나를 끼워주도록 요청하면서, 나의 조직 경험 등을 제안하면서, 에스페란토-위원회에 3통의 편지를 썼다. 그런데 그 편지들은 아무 회신이 없었다. 베르요자 동무는 티흐빈(Tiĥvin)에서 개최된, 그 야영 행사 뒤에 내 개인 성격에 대한 지침을 분명히 가지고 있었다. 나는 그때 모스크바의 에스페란티스토-친구들에게 전화를 걸었다. 그들은 내 일에 대해선 거의 절망적임을 암시했다.

그런데, 나에게 행복하게도, 세미온 포드카미네르 (Semjon Podkaminer)교수가 독립적인 청년 에스페란토그룹을 결성해 그 대회로 보낼 아이디어를 갖고 있었다. -왜냐하면, 레닌그라드에서는 그때 경험 있는 에스페란티스토들이 많지 않았기에, -그분이 나를 이 여행의 언어 쪽에서의 도움을 주는 역할로 초청했다. 그 아이디어는 빛나, 당국과 그 교수의 개인 연결을 통해 불가리아로 가는, 계획에 없던 청년 여행단을 "스푸트니크 ("Sputnik")" 국제청년여행국에서 구성하는 일에 도움이 되었다.

Kun tiu, okazonta en Bulgario, Universala Kongreso, ligis siajn esperojn multaj el ni en 1978. Ĉar estis unika okazo por sovetianoj trafi al UK post, verŝajne la UK en Budapeŝto, en 1970, — des pli ke, vere, la unuan fojon SSOD planis sendi eĉ tri "specialajn" grupojn. Sed dezirantoj estis pli multaj.

Mi sendis du aŭ tri leterojn al la Esperanto-komisiono, petante akcepti min en iun el la grupoj, proponante mian organizan sperton, ktp. La leteroj restis sen respondo. Kamarado Berjoza certe havis instrukciojn pri mia persono post la tendaro, organizita en Tiĥvin. Mi telefonis tiam al moskvaj amikoj-esperantistoj. Ili aludis, ke mia afero estas preskaŭ senespera. Sed, al mia feliĉo, profesoro Semjon Podkaminer ekhavis la ideon sendi al la Kongreso memstaran junularan grupon da esperantistoj, kaj, — ĉar en Leningrado tiam ne multis spertaj esperantistoj, — li invitis min zorgi pri lingva flanko de la vojaĝo. La ideo estis brila, la aŭtoritato kaj personaj ligoj de la profesoro helpis trabati eksterplanan junularan turistan grupon al Bulgario ĉe la buroo de internacia junulara turismo "Sputnik".

그런데 청년들만 부족했다. 왜냐하면, 여러 사정으로 발틱 연안에 사는 회원들은 그 그룹에 합류하기를 거부했다. 그래서, 이 단체는 평범한 사람들로 구성될 예정이었다. 이 단체가 그 여행 기간 중 흑해 근처 어디에 잠시 휴식할 때, 에스페란티스토들이 그 대회장에 참석했다가 돌아오는 계획이었다.

나는 필요한 서류를 준비하는 동안 나를 사찰한 일이나, 그 그립던 경험은 지금은 완전히 없어져 버렸지만, 몇 가지 불쾌한 이야기는 여기서 말하지 않겠다. 나는 모든 것을 준비했다. -그리고 그것은 결국 성취였다.

7월에 나는 그 여행단의 회의에 참석요청을 받으면서 레닌그라드에 오라는 엽서를 받았다. -그곳에서 처음으로 나는 동행할 여행자들을 보게 되었다. 그들은 레닌그라드 청년 남녀로 구성되어 있었다. 아니 정확히는, 아가씨들, 왜냐하면, 그들은 37명 구성원 중 여성이 31명이었다. 이 여행단에는 에스페란티스토 중 남자가 다소 적었다. -겨우 5명. 그들 중, 사실대로 말하면, 레닌그라드에 사는 볼로댜 그로모프와 나, 둘만 에스페란토를 유창하게 했다. 한 시간 이상을 그 여행단 단장(어느 지역 콤소몰대표)은 우리에게 불가리아가 사회주의 국가이지만, 수많은 위험이 우리를 기다리고 있다고 단단히 주지시켰다. 그 때문에 우리는 1)외국행 여권 외에는 다른 일체의 서류, 주소록, 수첩 등을 소지하지도 말고, 2)우리 주소를 어느 만나는 외국인에게 주지도 말고, 3)종교, 포르노, 정치 관련 서적 등을 소지하지 말아야 했다.

Mankis nur junularo, ĉar ĉebaltianoj pro diversaj kaŭzoj rifuzis partopreni la grupon. Do, estis decidite, ke la grupo estos ordinara; ĝin partoprenos kelkaj esperantistoj, kiuj veturos al la Kongreso dum la grupo ripozos ie ĉe la Nigra maro. Mi ne rakontu pri kelkaj malagrablaĵoj, persekutintaj min dum ordigo de necesaj dokumenloj, ja tiu sopira sperto estas nun plene senutila. Mi havis ĉion — kaj tio estis venko!

Junie min oni invitis per poŝtkarto en Leningradon por kunveno de la grupo — tie mi la unuan fojon ekvidis miajn kunvojaĝontojn. Ili estis leningradaj gejunuloj, aŭ, pli precize, — junulinoj, ĉar tiuj estis 31 el 37-persona grupo.

Esperantistoj en la grupo eĉ malpli multis ol viroj — nur kvin personoj; inter ili, honeste dirante, parolis flue nur leningradano Volodja Gromov kaj mi. Dum pli ol unu horo la grupgvidanto (iu komsomolestro regiona) konvinkadis nin, ke, kvankam Bulgario estas socialisma lando, multaj danĝeroj ĉasos nin tie. Pro tio ni devas: a) ne kunpreni iajn ajn dokumentojn krom eksterlanda pasporto, nek adresarojn; notlibretojn k.s.; b) ne doni niajn adresojn al ajna eksterlandano; c) ne aĉeti religiajn, pornografiajn nek politikajn librojn.

또 다른 의무는 청년 여성들에게 향했다. 그들은 밤에는 20시 이후에 외출할 때는 동행한 남자 단원들과 함께라야 한다고 했다. 이 명령은 우리 청년 여성들의 허락의 찻잔을 넘치게 했다. -그럼, 당신은 우리를 차례대로 외출시켜야 하는가요? -그들 중 누군가가 재잘거리자, 일동은 큰 웃음이 일었다. 웃지 않은 이는 그 여행단 단장뿐이었다: -필요에 따라 그렇습니다. 우리가 당신을 순서대로 외출에 동행하겠습니다. 여러분 안전을 위해서!...

정말로, 그래서 우리 에스페란티스토 5명은 이 모든 것을 그리 진지하게 듣지는 않았다. 모퉁이에 앉아서 우리는 이 여행단에서 세계대회로 우리만 가는 여행을 의논하고 있었다. 그 행사는 소피아에서 열릴 예정이었다.

...그럭저럭 불가리아로 여행할 SEJM 회원들은 7월에 모스크바 인근에서 열린 SEJM 회의에서 또 만났다. 순차적인 행사지만 마지막 행사였다. -그러나 이 점을 적은 사람들만 예상했다. 흥미 없이 마지막 위원회가 열린다고 했고, 많지 않은, 깨어있는 사람들이 선언했다.
-그렇게 끝내면 안 되어요, 그리고 우리는 이 운동의 미래에 대해 어떤 결정을 아무 투표없이 받아들일 권리도 없다구요!

그러나 새 조건들로 분위기에 냄새가 났다. 가까운 장래에 예상되는 창립행사로서 부끄러운 ASE가 친절하게도 나올 것이다. 그 위원회 임원들의 다수에겐 그곳에서 약속된 자리가 이미 있었다.

Aparta devo estis por junulinoj: ili devis post la dudeka horo promeni nur kun knaboj el sia grupoj Tiu ordono superplenigis tolertason de nia junulinaro:

— Ĉu vi promenigos nin laŭvice? — Jelpetis iu el ili, kaj eksplodis komuna ridego.

Ne ridis nur la grupestro:

— Ĉe bezono jes, ni promenigos vin laŭvice. Por via ja sekureco!..

Verdire, nia esperantista kvinopo ne tre atente aŭskultis ĉion ĉi; sidante en angulo ni diskutis pri nia forvojaĝo de la grupo al UK. Tio devis okazi en Sofio....Tiel aŭ aliel veturontaj Bulgarion SEJM-anoj kunvenis julie apud Moskvo por SEJM-Konferenco. Vica kaj la lasta — sed tion ĉi ankoraŭ ne multaj supozis. Parolis senentuziasme la lasta komitato, aklamis nemultaj sobraj homoj:

— Ne decas tiel fini, kaj ne rajtas ni senvoĉdone akcepti ian decidon pri estonto de la Movado!

Sed odoris la aero per Novaj Kondiĉoj, per proksimtempe promesata fondo afabla de la hontinda ASE.

 Estis jam promesitaj lokoj en ties estraro por la plejmulto de Komitatanoj,

그래서 그들은 우리가 국가를 믿어야만 한다고, 만약 우리가 ASE의 창립에 대응하여 SEJM을 해체한다면, 이 믿음을 이름하여 우리가 보여주어야 한다면, 참석자 대중을 진정시키고자 했다...그건 전적으로, 전적으로 다른 죽음을 연상시키는 전설이 되고, 나에겐 아픔이고, 그래서 나는 한동안 말을 아끼겠다. 언젠가, 다른 방식으로, 어떤가요?

그럼에도 햇살이 풍부하고, 고대하던 소피아가 이제 우리를 반겼다. 일정 중 하루만 우리는 불가리아 수도 소피아에서 그곳 경치를 즐기기 위해 있었다. 그러나, 그날의 태양도 우리에겐 우울했다. -정말 이름하여 이곳에서 너무 먼 오늘, 우리가 맨 먼저 가보고 싶은 바르나에서 세계대회는 그 업무를 시작했다. 한편으로 우리는 소피아에 아직 있으니!

박물관, 상점들을 방문하는 대신, 나는 불가리아 에스페란토협회 사무소를 찾으려 뛰어갔다. 볼로댜(Volodja)는 -청년여행사 지부로 갔다. 우리 두 사람은 -같은 목적으로- 우리 그룹에서 바르나로 가는 것을 마침내 피신하는 허락을 얻으러. 그러나, 그 친절한 할아버지는, 불가리아 에스페란토협회에 앉아 있던 그 할아버지는, 나에게 모두 바르나(Varna)로, 물론, 세계대회장으로 떠나갔다는 것만 말할 뿐이었다. 그리고 그는 당일 근무하는 일만 하기에, 아무 결정을 할 수 없었다. 볼로댜도 똑같은 결론을 가지고 왔다. -다른 아무도 뭔가를 우리에게 출장 명령을 허락한 여행에 대해 모른 채.

do tiuj emis trankviligi la amason, ke ni devas fidi al la ŝtato, kaj tiun ĉi fidon nome ni montros, se ni dissolvos SEJM-on responde al la fondo de ASE... Ĝi estas tute-tute alia makabra legendo, dolora por mi, do mi ĝin dume ne rakontu. Iam alifoje, ĉu?

Tamen jen Sofio sunplena, aspirata renkontas nin. Nur unusolan tagon havis ni por la bulgara ĉefurbo, por ĝui ties vidindaĵojn. Sed eĉ tiu tago suna estis morna por ni — ja nome hodiaŭ for de tie ĉi, en Varna komencis laboron la UK-o, kien ĉefe ni aspiris. Sed ni dume estis en Sofio!

Anstataŭ viziti muzeojn kaj vendejojn mi kuris serĉi la sidejon de BEA; Volodja — al loka filio de la junulara turisma firmao. Ambaŭ ni — kun la sama celo — akiri permeson por finfine fuĝi de nia grupo al Varna. Sed afabla aveto, sidanta deĵore en BEA, povis nur diri. al mi, ke ĉiuj forveturis al Varna, komprenelbe, al UK, kaj li nur deĵoras, sed nenion decidas. Kun la sama rezulto revenis ankaŭ Volodja Gromov — neniu ion sciis pri la promesita al ni forvojaĝo.

-그럼, -우리여행단 지도자는, 자신의 손을 만족한 듯 문지르고는 -그럼 조용히 우리 여행단과 함께 휴식하며 여행하면 되겠어요: 나도 그만큼 신경을 덜 써도 되고!

만일 우리 일에 에스페란티스토 포드카미네르 (Podkaminer)를 긴급전화로 개입시키지 않았다면, 우리는 그 닷새 동안 좋은 와인과 함께 태양이 비치는 해변에서 앉아 있어야 했고, 우리의 꿈인 그 대회장과는 그렇게 멀리 가 있어야 했다. 그럼에도 다시 포드카미네르 쪽에서 일을 시작해, 결국 -우리 5명은 기차에 오를 수 있었다: 우리는 행복했고, 우리는 해방되었으며, 우리는 기타를 칠 수 있었고, 우리는 노래 부를 수 있었다. 그 지역 사람들은 우리가 뭐 하는 사람들인지 물었고, 폴란드 사람인지. 세르비아사람인지, 슬로바키아사람인지 궁금해 했다. -그러고 우리 대답을 듣고는 깜짝 놀랐다:

-그게 일어날 수가 없어요. 우리 쪽에 있는 소련사람들은 30명 이하로는 여행할 수 없다던데요.

그러나, 우리는 이렇게 5명이 기차에 있었다. 저희를 믿거나, 말거나, -우리는 저녁에, 바로 청년 무도회 행사에 도착했다. 그 대회 행사는 이미 중반에 가 있었고, 그 무도회는 에스페란토 페스티발의 정점이었다. 처음으로 우리는 그만큼 많은 에스페란티스토를 보았다. -그들은 이곳 문화 스포츠 궁전 주변에서 한 무리로 모여 있었다. 이 모든 사람과 우리는 말을 붙일 수 있었고, 우리는 말했고, 또 말했고, 우리가 서로 이해하고, 우리가 이해됨을 기쁘게도 자각하면서 대화를 나누었다. 이것이 가장 기뻐할 기쁨이었다.

— Nu, — diris nia grupgvidanto, kontente frotante la manojn, — do trankvile veturu ripozi kun la grupo: malpli da zorgoj mi havos!

Se ne "enŝaltus" ni en la aferon s-anon Podkaminer, telefoninte urĝe al li, — sidus ni dum tiuj kvin tagoj ĉe suna marbordo kun bona vino, sed tute for de nia revo, la Kongreso. Denove tamen eklaboris la aŭtoritato de Podkaminer, kaj jen — nia kvinopo jam estas en la trajno; ni feliĉas, ni liberas, ni gitarludas kaj kantas. Demandis lokanoj, kiu estas ni — ĉu poloj, serboj, slovakoj? — kaj miregis, ricevinte la respondon:

— Ne povas esti. Sovetianoj ĉe ni ne vojaĝas malpli ol tridekope!

Sed jen estis ni. Kredu, aŭ ne kredu, — ni venis vespere, rekte al Junulara Balo. La Kongreso jam proksimis al mezo kaj la Balo estis pinto de esperantista festado. Unuafoje ni vidis tiom da esperantistoj —ili svarmis ĉie, en kaj ĉirkaŭ la Palaco de Kulturo kaj Sporto. Ili festis, kaj ni ekplonĝis tiun ĉi bruan feston. Kun ĉiu ni povis paroli, kaj ni parolis, parolis, ĝue konsciante, ke ni komprenas kaj estas komprenataj. Jen estis la plej ĝua ĝuo!

우리는 분명히, 우리 소련의 여러 지인도 만났지만, 그들은 좀 이상해 보였다. 얼마 시간이 지나기도 전에 우리는 그 이상함을 이해할 수 있었다. 그들은 새장에 갇혀 있는 듯한 -일정이 있었다. 그들은 100명씩 구성된 3개의 "특별" 여행단에 속해서 온, 그들은 분명히 방문해야 하는 일정이 있었다. 그들은 공식과 비공식 "사육사"를 가지고 있었다. 그 공식 사육사 중 주요인물인, 베르요자 동무로 우리가 처음 등장하자 그는 깜짝 놀랐다. 그 단체 일행 모두에게 비공식적이지만, 잘 알려져 있는 인물들은 세 그룹을 동행하는, 모든 것을 아는, 조직을 대표하는 8명이었다. 불쌍한 그들은 전혀 우리 언어를 알지 못하고 있었고, 대회 일정에는 전혀 흥미가 없었다. 그리고 모든 저녁에는 그들은 충분히 술에 취한 채 돌아다녔다. -저 사람들은, 필시 알코올로 작동하는 로봇이야. 마치 석유가 자동차를 움직이듯이. -우리 중 좀 농담하기를 좋아하는 이가 말했다.

그러나 그들은 자신의 임무를 잘 알고 있었다: 그들은 이름과 얼굴로 모든 단체 일원을, 그리 많지 않은 소련인들을, 개인적으로 참석한 그리 많지 않은 소련인 참석자들을, 우리까지도 파악하고 있었다! 그들은 자신을 위해 뭔가 작은 일거리를 만들어내야 했다. 한번은 호텔에서 3명의 중국인과 몇 명의 소련 사람이 만나, 대화를 나누고, 서로에게 엽서를 선물로 주었다. 이 사실은 나중에 그 대화에 참석한 사람들을 심문한 '로봇'에게 감지되었다.

Ni renkontis, certe, ankaŭ niajn sovetiajn konatulojn, sed iom strangaj ŝajnis ili.

Post nelonga tempo ni komprenis tiun strangaĵon: ili havis kaĝon — la tagordon. Ili, venintaj preskaŭ centope en tri "specialaj" turistaj grupoj, havis "specialajn" nepre vizitendajn aranĝojn. Ili havis ankaŭ "bredistojn", oficialajn kaj neoficialajn. Ĉefa el la oficialaj estis kamarado Berjoza, kiun tre mirigis nia apero komence. Neoficialaj, sed bone konataj al ĉiu el la grupanoj estis ok reprezentantoj de ĉionscia organizaĵo, kiuj akompanis la tri grupojn. Ili, kompatindaj, tute ne posedis la lingvon, la kongresaj aranĝoj tute ne interesis ilin, do al ĉiu vespero ili venadis nepre jam sufiĉe ebriaj.

— Ili estas, verŝajne, robotoj, kiujn funkciigas alkoholo, samkiel petrolo — aŭtojn, — diris unu nia ŝercemulo.

Sed siajn devojn ili bonege konis: ili konis laŭnome kaj laŭvizaĝe ĉiujn grupanojn, ĉiujn nemultajn sovetianojn, venintajn private, eĉ nin! Ili devis mem elpensadi por si ian laboreton. Foje en hotelo renkontiĝis kelkaj sovetianoj kun tri ĉinoj, ekkonversaciis, donacis bildkartojn unu al la alia. Tiu ĉi fakto estis fiksita de la "robotoj", kiuj poste pridemandis la konversaciintojn...

그러나 우리는 자유로웠다! 그리고 우리는 에스페란토 바다인 세계대회장에서 자유로이 유영하고 즐기고 있었다, 우리는 아주 다양한 행사들을 -수집가들의 모임, 평화애호가 모임, 토론, 강연, 세계대회의 주제를 토론하는 충분히 지루한 행사에도 -참여했다.

우리는 수많은 나라의 사람들의 입을 통해 흘러나오는 이 언어를 듣고는, 우리는 그런 것을 듣기만 해도 즐거웠다. 우리는 다양한 민족의 에스페란티스토들과 친교를 했으며, 우리는 자유로이 주소를 교환했다; 우리는 향후의 외국행사에 초대받았고, 우리는 친절하게 감사를 표했으며, 참석할 거라고, 꿈에서만 참석이 가능한 걸 잘 알면서도. 그러나 자유는 우리 편이었지만, 단 한 번은 그 자유에 흠집이 났다. 우리가 불가리아 에스페란티스토들을 만나러 "황금빛 해변"으로 모든 소련사람들과 함께 가기를 결정했을 때, 우리는 낭패감을 맛보았다. 베르요자 동무는 상냥하게 웃으면서도 우리 앞에서 버스에 탑승하는 것을 막았다.

-존경하는 여러분, 안됩니다. 당신들은 권한이 없습니다! 그 만남은 공식 단체원들에게만 조직됩니다. 그의 얼굴은 어떤 직책으로 가장 영광스런 만족감으로 인해 빛났다. -거부권 때문에 만족함.

다음날 호텔에서 나는 계단을 따라 내려오는 중국대표단 중 한 사람을 만나게 되었다. 그 사람의 몇 걸음 뒤에서 베리요자 동무가 중요하게도 지나갔다.

-안녕하세요, 친구!- 나는 그 중국인에게 손을 흔들었다.

Sed ni estis liberaj!

Kaj ni naĝis libere en tiu Esperanto-maro, kiu estis la Kongreso. Ni vizitadis plej diversajn aranĝojn: kunvenojn de kolektantoj kaj de pacamantoj, disputojn, prelegojn, eĉ sufiĉe enuajn — pri la ĉeftemo de UK.

Ni aŭskultis la lingvon, fluantan el multnaciaj buŝoj kaj ni ricevis plezuron nur de tiu aŭskultado. Ni konatiĝis kun diversgentaj esperantistoj, ni libere interŝanĝis adresojn; ni ricevadis invitojn al estontaj eksterlandaj aranĝoj, ni afable dankis, promesis veni, sciante, ke venos nur en revoj. Sed la libero estis nia, kaj nur unufoje ĝi estis makulita. Kiam ni decidis veturi kun ĉiuj sovetianoj al la "Oraj Sabloj" por renkontiĝi kun bulgaraj esperantistoj, ni fiaskis. Afable ridetante, kamarado Berjoza baris eniron en buson antaŭ ni:— Ne, estimataj, ne rajtas vi! La renkontiĝo estas organizita nur por la oficialaj grupanoj! Lia vizaĝo brilis pro kontento, la plej sankta por ajna postenulo — la kontento pro la rajto rifuzi.

Sekvamatene en hotelo mi rimarkis unu anon de ĉina deligitaro descendi laŭ la ŝtuparo. Malantaŭ li je kelkaj ŝtupoj grave paŝis kamarado Berjoza.— Saluton, amiko! — mi mansvingis al la ĉino.

그는 대답으로 손을 흔들고는 나에게 왔다. 우리는 악수를 교환했다. 그는 자신의 호주머니에서 <EL Popola Ĉinio> 잡지사에서 제작한 뱃지를 꺼내 내게 선물로 주었다. 나는 내 뒤에서 돌처럼 굳어 있는 그 공무원을 거만하게 쳐다보고는, 그 중국인에게 티흐빈 시의 SEJM을 대표하는 배지를 웃으며, 그의 손에 넣어 주었다. 우리 두 사람은 행복해했다...

아아, 우리는 행복해
새로운 조건이 왔기에!

-오, 미안해요- 그 노래는 이미 다른 전설을 위해 소리나고 있다.

북치는 탱고
우리 봄이었네.
야영장 불 옆에서의 생활이
서로를 지지하고
기대와 기다림...
실제에서의 수평선
우리의 행진을 가장자리에서만 머무네.
우리의 젊은 투쟁, 우리의 젊은 투쟁,
열을 지어 행진했네.

바이올린이 우리를 불렀네,
플롯이 축제를 알렸네. 행진 속에 일련의 기둥들이 빛났네.

Li mansvingis responde, venis al mi.

Ni premis la manojn. Li tiris el la poŝo insigneton de "El Popola Ĉinio" kaj donacis al mi. Mi aroge rigardis al la postenulo, ŝtoniĝinta malantaŭ ni, kaj kun rideto enmanigis al la ĉino insignon de Tihhvina SEJT. Ambaŭ ni estis feliĉaj...

Ahh, kiaj ni estas feliĉaj,
Ke venis novaj kondiĉoj!

— Ho, pardonu, — tiu kanto sonas jam por alia legendo!

Tambura tango
Estis nia printemp',
Fajra vivo en tendoj,
Reciproka subten'
Kaj atendoj, atendoj...
Horizont' en real',
Nian marŝon nur randis.
Nia juna batal', nia juna batal'
En la vicoj paradis.

Vokis nin violonoj, feste flutoj aklamis,

이제 생긴 기타 문화 사이에-
나도 -손에는 북을 들고서.

그래도 목소리가 있었고,
나는 정확히 기억하네,
우리 도살장 속에서
나는 제대로 박자를 못 마추었네.
좋든 싫든
미묘한 북소리는
공통의 행진, 공통의 행진을 위하여
분명히 유용했으리라.

공중향기에, 비타민나무 호소가 들리고-
누가 영광의 아내와 함께 집에서 행진했네.
매서운 부러움, 달콤한 중얼거림 사이에서-
나도 손에는 북을 들고서

수도 서울에서의 동기유발은
매력적인 따사로움이었네
누군가의 천진함은
약속의 탱고로 양보했네.
열정으로 그는 출발했고,
입에는 장미를 물고서
저 멀리 행진을, 저 멀리로 행진을 계속했네.
우리는 우리 차례를 기다리며.

Unuecaj kolonoj en marŝado ekflamis.
Inter la naskiĝanta gitarista kulturo —
Ankaŭ mi — kun tamburo.

Tamen, estis la voĉ',
  Mi memoras ekzakte,
  Ke en nia diboĉ'
  Frapas mi ne entakte.
  Sed en ŝat' aŭ malŝat'
  La tamburo subtila
  Por komuna marŝad', por komuna marŝad'
  Estis, certe, utila.

En aero-aromo sonis vok' hipofea, —
Iu marŝis ĉe domo kun edzino trofea...
Inter akra avido, inter dolĉa murmuro —
Ankaŭ mi — kun tamburo.

La ĉefurba motiv'
  Estis loge karesa.
  Cedis ies naiv'
  Al la tango promesa.
  Ekis li en fervor',
  Kun la rozo en dentoj!
  "Daŭris marŝi en for', daŭris marŝi en for'
  Ni kun niaj atendoj.

"날카로운 군대행진은 이미 낡았어요
사랑의 탱고가 우리 시대 모드에요."-
풍부한 열쇠를 들고 친구들이 서 있네.
나도 손에는 북을 든 채.

가장 북쪽의 지방은
블리자드가 나를 달래주고
나는 와인 술로 인해 행복하고
조금만 요구하네.
청춘의 북소리는 점점 사그라지고
 새 미래를 부르네
먼지의 면직물은 덮어주네
 충직한 북을.

하지만 꿈에 나는 일천 걸음 행진하고.
영혼은 승리의 행진을 암시하네.
바람을 거슬러, 줄로 균형을 유지하고,
나를 잡아 줘요.- 내 북과 함께.

"Kruda marŝo soldata jam eliris el modo
Por la tango amata venis nun periodo!" —
Staris bonaj amikoj kun ampleksa seruro,
Ankaŭ mi — kun tamburo.

La plej norda provinc'
En blizardoj min lulas,
Mi feliĉas pro vin'
Kaj nemulton postulas.
Fortamburis la jun',
Vekis novan futuron.
Kovras polva katun', kovras polva katun'
La fidelan tamburon.

Sed en sonĝo mi aŭdas milpiedan paŝadon,
Kaj l' animo alaŭdas sekvi l' venkan paradon.
Iri kontraŭ la vento kaj balanci sur ŝnuro
Prenu min — kun tamburo.

11. 용어 모음(Glosaro)

bolŝeviko 볼세비키— membro de pli amasa frakcio de la Komunista Partio. Nome bolŝevikoj ekregis novembre de 1917 kaj iom poste tute forigis de la kunrego ĉiujn siajn kunbatalintojn de aliaj partioj. 공산당의 더 많은 프락치 회원. 이름하여 소위 볼세비키들은 1917년 11월 집권하고는, 좀 뒤에 공동 집권에서 모든 다른 동지들을 제거했다.

davajte otboj (rus.)다바이테 오트보이(러시아어.) — informu pri neokazo de la tendaro. 그 야영 행사가 취소된 걸 알려라.

Gulag 교도소(노역소) 책임부서(약자)— (ruslingva mallongigo) — Ĉefa Departemento de Punlaborejoj.

Komsomolo, aŭ VLKSM —콤소몰 또는 VLKSM-(Tutsovetia Lenina Komunista Unio de Junularo전소련 청년레닌공산당) — la sola junulara politika organizaĵo, permesita en USSR. Pli aĝaj lernejanoj estis enigataj ĉi-organizaĵon solene kaj preskaŭ perforte, do ĝi havis kelkdekmilionan membraron. La organizaĵon plene gvidis Komunista Partio, kiu ĉerpis el la junulara fonto novajn partiajn funkciulojn, ankaŭ simplajn membrojn. Forigo el komsomolo kiel socia puno ĉiam havis plurajn gravajn postsekvojn — forigon el instituto, liberigon el laborloko ktp.

소련 내 허락된 유일한 청년 정치조직체. 더 나이가 든 학생들이 이 단체에 위엄있게 또 거의 강제로 가입하니, 회원이 수만 명에 이른다. 이 조직체를 완전히 지도하는 것은 공산당인데, 그 청년의 샘에서 새로운 당 핵심요원 들을 퍼 올리기도 하고, 단순회원을 확보하기도 한다. 이 콤소몰에서 퇴출되면 일종의 사회적 처벌이 되는데, 이 로 인해 언제나 여타 중요 후속관계가 벌어진다. -기관 에서 퇴출, 직장에서 쫓겨 남 등등.

KŜS (러시아어의 줄임: 소련 보안을 위한 국가보안위원 회, 소위 말하는 'KGB'(영어약자))— Komitato pri Ŝtata Sekureco, organo pri protekto de ŝtata sekureco en USSR.

kvarangulo (4인방: 공식 문건 및 다른 주요 서류들에 서명하는 4인을 일컬음: 지도자, 당대표, 신디케이트 대 표, 콤소몰 지도자: 30세 이상의 경우에는 콤소몰 지도 자가 제외되어 '3인방')— la kvar personoj, subskribantaj oficajn karakterizojn kaj aliajn gravajn dokumentojn: direktoro, partiestro, sindikatestro kaj komsomola gvidanto. Post 30-jara aĝo validis la "triangulo" — sen komsomolo.

maŭzer (마우제르: 1920년대 "보급"된 권총이름)ー speco de pistolo, "populara" en la dudekaj jaroj de nia jarcento.

nomenklaturo(술어집: 용어집: 특권을 부여받은 국가공무원의 사회 집단) ー socia grupo de ŝtataj oficistoj, ricevanta specialajn privilegiojn.[9]

Obkomo (ruslingva mallongigo)(러시아어의 줄임: 지역당위원회) ー Provinca komitato de la partio

OViR (ruslingva mallongigo)(러시아어의 줄임: 내무부 비자 및 허가 부서의 약어) ー fako de vizoj kaj permesoj ĉe la ministerio de internaj aferoj.

Smolnij (스몰니이: 페테르부르크 궁전 중 하나)ー unu el Peterburgaj palacoj. Antaŭ 1917 tie funkciis "Instituto por noblaj fraŭlinoj", poste ー ĝis 1991 ー la provinca kaj urba komitatoj de KPSU. Nuntempe la konstruaĵon okupas Sankt-Peterburga urbestraro.
1917년 이전에는 "귀족 여성을 위한 기관"이었으나, 나중에는 1991년까지는 KPSU의 지역/시 위원회. 현재

9) *역주: 사회의 소수 특권층. 러시아어로 전문 용어집 또는 명품집 등을 의미하는 말인데, 이것이 사회주의 국가의 각급 당기관의 권한을 정밀하게 규정한 리스트를 가리키는 뜻으로 사용됨. 이 용어는 나아가 공산당의 소수 엘리트 전체를 가리키는 말이기도 함

성-페테르부르크 시임원단이 이 건물을 점유하고 있다.

SSOD (Unuiĝo de Sovetiaj Societoj de Amikeco kaj Kulturaj Ligoj kun Eksterlando) — speciala organizaĵo, kontrolanta eksterlandajn ligojn de sovetiaj fakuloj pere de speciale bakitaj fakaj asocioj. Ĝi regis ankaŭ la kortegajn amikecasociojn kaj havis filiojn (Domojn de Paco kaj Amikeco kun Eksterlando) en multaj grandaj urboj.

소련 대외 우호 문화연합 협회 -특별 설립된 전문 분과 협회들을 통해 소련 전문가들의 외국과의 연계를 감독하는 특별 조직. 이는 대도시마다 설립된 중앙의 우호협회들을 감독하고, 그 아래 지부들('대외평화우호의 집'들)이 있다.

subotniko — libervola sabata laboro senpaga. La Subotnikoj estis organizaiaj oficiale; tamen sub ŝildo de popola iniciato, kutime en printempo por purigi teritoriojn de loĝlokoj, uzinoj, parkoj ktp. La subotnikoj estis ligataj al la naskiĝtago de V. I. Lenin.

소보트니코- 토요일 자유의지의 무임금 노동. 이는 공식 적으로 조직되었다; 하지만 국민의 시도라는 방패 아래, 보통은 봄철에 거주지, (야금)공장, 공원 등을 청소한다. 이 행사는 레닌(V. I. Lenin)의 생일과 연결되어 있었다.

tam (ruslingve) 탐(러시아어)— tie 저기

12. 인명록(NOMLISTO)

Ariste, Paul ― akademiano, profesoro de Tartua ŝtata universitato, fakulo pri finn-ugraj lingvoj, poligloto, esperantisto.
파울 아리스테(1905-1990) -아카데미 회원(학술회 회원) 타르투 국립대 교수, 핀란드-위구르어(finn-ugraj lingvoj) 전문가, 26개 언어 사용자, 에스페란티스토.(*역주: 14세 때 힐다 드레젠(Hilda Drezen)에게서 에스페란토 학습. 에스페란토-에스토니아 사전 편찬자).

Armand, David Lvoviĉ (1905-1976) ― profesoro de Moskva ŝtata universitato, fakulo pri geografia scienco, esperantisto.
다비드 르보비치 아르만드(1905~1976): 모스크바 국립대학교 교수, 지리학 전문가, 에스페란티스토.

Barbusse, Henri (1873-1935) ― fama franca verkisto.
앙리 바르뷔스 (1873~1935)[10]- 유명한 프랑스 작가. 시집 〈곡하는 여자들 Les Pleureuses〉(1895)을 통해 신상징파 시인으로 문단에 데뷔했지만 〈지옥 L'Enfer〉 (1908)으로 신자연주의 소설가가 되었다.

---

10) *역주: 〈포화 Le Feu〉(1916)의 작가로 제1차 세계대전 때 프랑스 군인들의 생활을 직접 목격했다. 1910~39년에 걸쳐 도덕적·정치적 명상을 수반하는 전쟁 회고록들을 쓴 프랑스 전쟁작가들의 주류에 속한다.

Berija, Lavrentij Pavlovich(1896-1953) - membro de CK KPSU ekde 1934, ĉefekzekutisto dum la epoko de personeca kulto de Stalin.
라브렌티 파블로비치 베리야(Lavrentij Pavloviĉ Berija: 1896- 1953) - 1934년부터 CK KPSU의 멤버, 스탈린 집권후 개인숭배 시대동안 주요 숙청 집행자.

Berin, Bencion (1899-1985) ― instruisto, poeto judlingva, tradukisto-esperantisto.
벤치온 베린(1899~1985) - 교사, 유대어 시인, 번역가-에스페란티스토

Berjoza, Anatolij Vasiljevich(nask. 1942) ― ŝtata oficisto, respondeca sekretario de Esperanto-Komisiono, poste de ASE.
아나톨리 바실리에비치 베리오자(Berjoza, Anatolij Vasiljeviĉ (1942년 출생))-국가공무원, 에스페란토위원회(나중엔 ASE) 책임비서,

Blok, Aleksandr Aleksandrovich(1880-1921) ― rusa poeto.
알렉산드르 알렉산드로비치 블록(Blok, Aleksandr Aleksandroviĉ (1880-1921)- 러시아 시인

Bokarev, Evgenij Alekseevich(1904-1971) ― profesoro de lingvo-scienca instituto; fakulo pri

dagestanaj lingvoj, aŭtoro de R-E kaj E-R vortaroj, esperantisto.
에브게니이 알렉세이비치 보카레프(1904-1971) -언어과학연구소 교수, 다게스탄공화국언어 전문가, 러시아어-에스페란토어, 에스페란토-러시아어 사전편찬자, 에스페란티스토.

Brejhnev, Leonid Iljich(1906-1982) ― partia kaj ŝtata gvidanto en USSR en 1964-1982.
레오니드 일리치 브레즈네프(1906-1982) -1964년~1982년간 소련 공산당 및 국가지도자

Cibulevskij, Drnitrij Mihhajlovich(nask. 1945) ― fakulo pri konstruado, esperantisto, Honora Membro de SEJM.
드리니크리 미카일로비치 치불레프스키(1945년생) -건축전문가, 에스페란티스토, SEJM 명예회원.

Ciolkovskij, Konstantin Eduardovich(1857-1935) ― sciencisto, aŭtoro de la teorio pri kosmaj flugoj.
콘스탄틴 에두아드로비치 치올코프스키(1857-1935) -과학자, 우주비행이론의 저자

Chache, Ints (1899-19??) - tradukisto. Tradukis en E. i.a. "Amo estas pli forta ol morto" de Janis Rainis, esperantisto.

인츠 차체(1899-19??) -번역가, 야니스 라이니스(Janis Rainis:1865-1929: 라트비아 문학가)의 희곡 "사랑은 죽음보다 강하다"을 에스페란토로 번역함, 에스페란티스토.

Gonĉarov, Analolij Evgenjevich(nask. 1940) — fakulo pri kemiaj sciencoj, esperantisto, Honora Membro de SEJM.
아나톨리 에브게네비치 곤차로프(1940년 출생) -화학 분야 전문가, 에스페란티스토, SeJM의 명예회원.

Gorjkij, Maksim (Peshkov, Aleksej Maksimovich) (1868-1936) — fama rusa verkisto.
막심 고리키(1868-1936)- 러시아 유명 작가

Gromov, Vladimir Konstantinovich(nask. 1947) — fakulo pri kemiaj sciencoj, esperantisto.
블라디미르 콘스탄티노비치 그로모프(1947년생) -화학 전문가, 에스페란티스토.

Hharjkovskij, Aleksandr Samuilovich(nask. 1934) — ĵurnalisto, verkisto, esperantisto.
알렉산드르 사무일로비치 카리코브스키(1934년생)-언론인, 작가, 에스페란티스토

Hhrushchov, Nikita Sergeevich(1894-1971) — partia kaj ŝtata gvidanto en USSR en 1953-1964.

니키다 세르게에비치 후루초프(1894-1971)- 소련
(1953-1964)의 공산당 서기 및 국가지도자

Isakovskij, Mihhail Vasiljevich(1900-1973) — rusa
poeto.
미하일 비실예비치 아사코브스키(1900-1973) -러시아
시인.

Kiseljov, Ilja Andreevich(1887-1973) —
esperantisto.
일야 인드레에비치 키셀요프(1887-1973) -에스페란티스
토.

Kolker, Boris Grigorjevlch(nask. 1939) — fakulo
pri lingvoj, esperantisto, Honora Membro de
SEJM.
그리고르예블치 보리스 콜케르(1939년생) -언어전문가,
에스페란티스토, SEJM의 명예회원.

Kolker, Daniil Judkovich(nask. 1935) — instruisto,
tradukisto-esperantisto.
다니일 윤드코비치 콜케르(1935년생) -교사, 번역가
-에스페란티스토.

Lenin (Uljanov), Vladimir Iljich(1870-1924) -
fondinto de KPSU, ŝtata gvidanto en

Rusio-Sovetio (1917-1924).
블라디미르 일리치 레닌(Lenin (Uljanov), Vladimir Iljich:1870-1924)- 소비에트연방공산당 창설자, 러시아-소련(1917-1924)의 국가지도자

Lukjanec, Dina Grigorjevna (nask. 1947) — fakulo pri lingvoj, poetino, esperantistino.
디나 그리고르예프나 루크야네치(1947년생)- 언어전문가, 여류시인, 여성에스페란티스토

Lunacharskij, Anatolij Vasiljevich(1875-1933) — popola komiŝaro (ministro) pri Klerigo en Rusio-Sovetio en 1917-1929.
아나톨리 바실리에비치 루나차르스키이(Lunacharskij, Anatolij Vasiljevich:1875-1933) — 1917-1929년간 러시아- 소련 교육부 장관.

Makovskij, Anatolij (nask. 1928) — ŝtata oficisto, respondeca sekretario de Esperanto-komisiono ĉe SSOD.
아나톨리이 마코브스키이(Makovskij, Anatolij (1928년 출생) - 국가 공무원, SSOD의 에스페란토위원회의 책임 비서.

Mozerts, Ervins (nask. 1934) — instruisto, esperantisto.

에르빈스 모제르츠(1934년 출생) -교사, 에스페란티스토.

Pacjurko, Vladimir Petrovich(nask. 1945) ㅡ instruisto, tradukisto-esperantisto.
블라디미르 페트로비치 파츄르코(1945년 출생) -교사, 번역가-에스페란티스토

Petrulis, Juozas (1904-1975) ㅡ esperantisto, historiisto de SEJM.
유오자스 페트룰리스(Petrulis, Juozas (1904-1975)) - 에스페란티스토, SEJM의 역사학자.

Podkaminer, Semjon Nauhmovich(1899-1982) - unu el gvidantoj de Mondpaca Esperantista Movado, Honora Membro de SEJM.
세미온 나우모비치 포드카미네르(Podkaminer, Semjon Naŭmoviĉ (1899-1982)) -세계 평화 에스페란티스토운 동의 지도자 중 한 사람, SEJM의 영예 회원

Rajnis, Janis (Kliekshans) (1865-1929) ㅡ eminenta latva verkisto.
야니스 라이니스(Rajnis, Janis (Kliekshans: 1865-1929)- 라트비아 저명 작가

Rogov, Andrej Borisovich(1914-1978) ㅡ instruisto, esperantisto.

안드레이 보리소비치 로고프(Rogov, Andrej Borisovich(1914-1978)) -교사, 에스페란티스토.

Rolland, Romain (1866-1944) ― franca verkisto kaj soci-aganto.
로맹 롤랑(Rolland, Romain (1866-1944) -프랑스 작가 및 사회 운동가

Romanov, Grigorij Vasiljevich(nask. 1923) ― partia funkciulo, la unua sekretario de Leningrada provinca partia komitato dum Breĵnev-periodo.
그리고리 바실리에비치 로마노프(1923년 출생) -브레즈네프 시대에 레닌그라드 지방 당위원회 제 1서기, 당 주요인물.

Soljhenicin, Aleksandr Isaevich(nask. 1918) ― rusa verkisto, Nobel-premiito.
알렉산드르 이사에비치 솔제니친(1918~2008)- 러시아 작가, 노벨상 수상자.

Stalin (Ghugashvili), Iosif Vissarionovich(1879-1953) ― partia kaj ŝtata gvidanto en USSR (1922-1953).
요시프 비사리오노비치 스탈린(Stalin (Ghugashvili), Iosif Vissarionoviĉ (1879-1953) -소련 당과 국가지도자
Shanina, Lidia Evgenjevna (nask. 1934) ― ŝtata oficistino, respondeca sekretario de ASE.

리디아 우게니에브나 샤니나(Shanina, Lidia Evgenjevna, 1934년 출생) -여성 국가공무원, ASE의 책임 비서.

Shilas, Vitauhtas (nask. 1944) — fakulo pri fiziko, esperantisto, Honora Membro de SEJM.
뷔타우타스 실라스(Shilas, Vitauhtas (1944년 출생) - 물리학자, 에스페란티스토, SEJM 영예 회원

Tito, Iosip Broz (1892-1980) — politika aganto, prezidanto de Jugoslavio en 1953-1980.
티토(Tito, Iosip Broz(1892~1980) -유고슬라비아 정치 지도자, 1953년~1980년 대통령 역임.

Tolstoj, Lev Nikolajevich(1828-1910) — klasika rusa verkisto.
톨스토이(Tolstoj, Lev Nikolajeviĉ (1828-1910)) -러시아 대 문호

Tonkin, Humphrey (nask. 1939) — fakulo pri lingvoj, esperantisto, eksprezidanto de UEA.
험프리 톤킨(Tonkin, Humphrey (1939 출생)- 언어전문가, 에스페란티스토, 세계에스페란토협회 회장 역임.

편집부 확인서

우리 편집부는 1992년 6월19일 현재 미카엘 브론시테인 씨가 보낸 원고 중 일부가 아직 도착하지 않음을 입증합니다. 그 대신 우리는 SEJM의 전설일 것 같은 귀중한 자료를 받았습니다.

러시아 티흐빈
불만 위원회
티흐빈 거리, 6-1-17.

브론시테인 씨에게

증명서

귀하의 질문에 (나는) 다음과 같이 소식을 전합니다.
위임받은 편지(우편물의 종류를 명시함)

제 648호(발신: 티흐빈, 발신일: 6월19일, 가격:)

수신 주소: 모스크바, 117593, litovskij bulvar 13/12 logh.581

수신 담당자: 세부첸코 E.

이 상태로 받음:

받은 위임편지는 찾을 수 없습니다. Vojpost-sekvi m/l 는 아마도 제시되지 않았습니다. 받는 사람의 통지 없이 ĉ. m/l는 일반 서신 교환과 함께 일반 계산으로 보냈습니다. 동기: 모스크바에서 21/7의 전보 593/2803.

이 증명을 준비한 이: KSS의 오퍼레이터 토르빅 L.G.

담당 부국장 네키펠로바 L.Ju.

이런 내용입니다. 그러니, "국가 관료 시스템의 놀라운 생명력"에 대해서는 스스로 판단해 주세요.**(끝)**

Atesto de la redakcio

Ni atestas pri tio, ke parton de manuskipto, kiun sendis al ni Mikaelo Bronŝtejn 19.06.92 ni ĝis nun ne ricevis. Anstataŭ tio ni ricevis valoran dokumenton, venintan kvazaŭ el SEJM-legendoj:

Tiĥvina RUS
BUROO DE PLENDOJ
u.Tiĥvin, 6-1-17.

Al Bronŝtejn M.C.

ATESTO

Al via demando (mi) komunikas, ke: mendita letero (noti tipon de sendaĵo)

N-ro: 648 el: Tihhvin de: 19 junio prezo:

Al la adreso: Moskvo, 117593, litovskij bulvar 13/12 logh. 581

Al la nomo: Shevchenko E.

estas donita: mendita letero kiel ricevita ne troviĝas. Vojpost-sekvi m/l ne prezentiĝas ebla, ĉ. m/l sen sciigo de adresato estas sendataj per ĝenerala kalkulo kune kun ordinara korespondado. Motivo: telegramo 593/2803 de 21/7 el Moskvo.

Ateston preparis: operatoro de KSS Torbik L.G.

Vicestro de departemento: Nekipelova L.Ju.

Jenas la lingvo. Do, juĝu mem pri la "mirakla vivkapablo de la ŝtata burokratia sistemo".

작가 인터뷰
부산일보 2015년 1월 21일(27면) 인터뷰[11)

에스페란토 전도사 미카엘 브론슈테인 씨 "에스페란토로
부르는 노래 한번 들어 보세요"

"에스페란토는 누구나 쉽게 배울 수 있을 뿐만 아니라
논리적이고 아름다워 국제사회에서 널리 통용될 수 있는
요소를 갖추고 있습니다."

---

11) 역주·출처:
http://news20.busan.com/controller/newsController.jsp
?newsId=20150121000038)

시와 음악을 통해 에스페란토의 아름다움을 알리는데 힘을 쏟고 있는 러시아 시인·음악가인 미카엘 브론슈테인 (67) 씨가 부산을 찾았다.

그는 20일 오후 해운대문화회관 고운홀에서 부산시민을 위한 자선 공연 '에스페란토의 밤'을 열었다.

시·음악 통해 에스페란토 전파
부산시민을 위한 자선 공연 등
지금껏 전 세계서 100여 회 공연

이번 행사는 한국에스페란토협회 부산지부가 부산시민에게 에스페란토 시와 음악을 들려주기 위해 마련했다. 이날 그는 통기타 연주와 함께 직접 작사·작곡한 노래 '그대는 사랑' '파리여, 안녕' 등을 불러 관객들로부터 호평을 받았다.

1949년 옛 소련 우크라이나 서부에 위치한 흐멜니츠키에서 태어난 미카엘 브론슈테인은 13살 때 교내 국제친선클럽에 가입하면서 에스페란토를 접했다. 이때부터 펜팔을 통해 외국인 친구와 사귀기 시작했다.

그는 러시아어로 시를 지어 왔는데 점차 에스페란토가 익숙해지면서 에스페란토로도 시를 쓰기 시작했다. "러시아어로 작품 활동을 할 때에는 언론과 독자들의 관심을 끌지 못했습니다. 그런데 에스페란토로 시를 쓰기 시작하면서 언론에서 관심을 보여 지금까지 열심히 하고 있습니다."

러시아 시인들은 일반적으로 시 낭송 대신 기타 등 악기 연주와 노래를 통해 자신의 시를 알린다고 한다. "시를 음악과 함께 전달하면 청중에게 훨씬 더 잘 전달됩니다." 그는 에스페란토로 시를 지은 후 해외 음악가에 보내 작곡을 부탁하거나 직접 작곡도 했다. 이렇게 만든 노래는 체코나 스웨덴, 리투아니아 음반회사를 통해 음반으로 냈다.

"에스페란토 노래는 어느 나라에서도 공연할 수 있는 장점이 있습니다. 그동안 전 세계에서 100여 회 공연을 했습니다. "

그는 한국 시에 대한 관심도 높다. 최근 김여초 시인의 시집 '엘리베이터 서울'을 러시아어로 번역해 출간하기도 했다.

"부산 공연은 이번이 처음인데 부산시민들이 에스페란토와 저의 공연에 많은 관심을 보여 감사드립니다. 이번에는 공연 준비 때문에 미처 준비하지 못했지만 다음 공연 때는 가수 조용필의 '돌아와요 부산항에'를 에스페란토로 불러드릴 생각입니다. "

(글·사진=임원철 기자 wclim@busan.com)

한국 독자를 위한 저자 서문
 - 『얌부르그에는 총성이 울리지 않는다』

 한국어로 제가 지은 책을 독자 여러분이 받게 되는 사실이 참 반가운 일입니다. 저는 이 책을 에스페란토로 지었습니다. 에스페란토가 무슨 종교의 한 분파처럼 보인다라고 하는 엉터리같은 소문이 돌고 있지만, 저는 즉시 말합니다. 에스페란토는 그런 종파가 아니라 정상적인 살아 있는 언어임을 말하고자 합니다. 에스페란토는 어린 시절부터 제가 사용해 온 4가지 언어 중 하나입니다. 저는 그 4가지 언어 -**러시아어, 우크라이나어, 이디쉬어 그리고 에스페란토**-로 글쓰기를 시도했습니다만, 지금 제가 저술 활동으로 쓰는 언어는 러시아어와 에스페란토입니다. 여러분은 '왜냐?'고 물을 것입니다. 대답은 '왜 안 되나요?'입니다. 제 친구 중 한 사람은 여류시인인데, 그 시인이 쓴 작품의 한 구절이 생각나는데, 그것은 "만일 마음이 뭔가 표현해 보고 싶으면, 이를 어떤 언어로 짓는가 하는 것은 전혀 중요하지 않아요"라고 말합니다. 이 작품 『얌부르그에는 총성이 울리지 않는다』는 지난 세기말인 1990년대 초에 썼습니다.
 당시 저는 이 작품이 『청년운동의 전설』이라는 나의 회고작품에 대한 예술 부록으로 만들 생각으로 썼습니다.
 이 작품이 특정 인물들의 감정과 느낌, 성격과 특색을, 또 소련 청년의 아픔과 행복한 삶의 순간들을 보여주고 싶었기에, 그 회고작품에서 생기발랄하게 표현하기 어려웠던 바를 드러내 주기를 기대하면서 썼습니다.

Estimataj legantoj,

estas flata por mi la fakto, ke vi ricevas mian libron en via nacia lingvo. Mi verkis ĝin originale en esperanto. Cirkulas fuŝaj onidiroj, ke esperanto estas sekto, do mi tuj diru, ke ĝi estas ne sekto, ĝi estas normala viva lingvo. Unu el kvar lingvoj, kiujn mi parolas ekde mia infana aĝo. Mi provis verki en ĉiuj kvar: la rusa, la ukraina, la jida kaj esperanto; nuntempe restis du, kiujn mi uzas por verki: la rusa kaj esperanto. Vi demandas: kial? Mi respondu: kial ne? Mia amikino – poetino bone diris en unu el siaj kantoj, ke absolute ne gravas en kiu lingvo oni verkas, "se la anim' havas ion por esprim'".

La romano "Oni ne pafas en Jamburg" estis verkita en la komenco de la naŭdekaj jaroj, de la pasinta jarcento. Mi celis, ke ĝi servu kvazaŭ belarta suplemento al mia rememor-libro «Legendoj pri SEJM». Ke ĝi prezentu la sentojn kaj emociojn, la karakterojn kaj la trajtojn de konkretaj homoj, la dolorajn kaj ankaŭ la feliĉajn travivaĵojn de la sovetia junularo, t.e. tion, kio en la rememor-libro apenaŭ povus esti vivoplene prezentita.

저는 이 작품에서 저 자신과 제 친구들을 썼습니다. 그렇다고, 이 소설작품을 제 자서전으로 생각하면 안 됩니다. 여기에 나오는 모든 등장인물은 몇 명의 실제 인물의 특성을 취해 왔습니다. 그렇게 해서 주인공인 니코는 에스페란티스토가 아니면서, 제가 잘 아는 친구의 모습을 그대로 가져 왔습니다. 제가 살아오면서 실제 겪었던 사건들을 투영시켰고, 또 다른 내 친구들의 삶도 투영시켰습니다. 여주인공인 마리나는 제게 아주 소중한, 3명의 청년 여성이 지닌 좋은 성품을 합쳐 둔 것이고, 그들의 삶의 여정에서 저는 이 지배적인 질서에 반항하려는 용기를 낸 젊은 여성의 비극적 운명을 연결해 두었습니다.

그래요, 맞습니다. 제가 태어나 청년기를 보낸 이 나라에서의 질서- 그 질서는 너무 공포스러웠습니다. 왜냐하면, 선천적으로 유전학적으로 자유를 갈망하는 성품으로 태어난 개인들에게는 부끄러운 질서였으니까요.

공포스러웠습니다 라는 그 말이 맞습니다. 그러나 우리는 우리의 청년기에 그러하였고, 그 아름다운 나이는 우리를 이렇게 살도록 만들었습니다. 즉, 배움과 노동, 스포츠와 노래, 사랑과 출산, 가능하면, -우리 앞에 서 있는 그 질서가 가져다주는 부자유스런 장애물들을 만날 때, 우리는 이를 무시하기도 하고, 피해서 물러서기도 하고, 맞서기도 하면서 말입니다.

그 장애물 중 첫째는 국가가 행한, 당시의 모든 대중매체에 대한 완전한 통제였습니다.

Mi verkis pri mi kaj pri miaj geamikoj; tio tamen ne signifas ke la romanon oni traktu kiel membiografion. Ĉiu rolanto prenis la trajtojn de kelkaj realaj personoj. Tiel Niko, la protagonisto, ricevis la trajtojn de mia bona amiko, neesperantisto, en kies realan biografion mi enmetis kelkajn eventojn el mia vivo, ankaŭ el la vivoj de du aliaj miaj amikoj. Marina, la ĉefrolantino, kunigis en sia karaktero ĉion bonan, kion posedis tri junulinoj, siatempe tre karaj por mi; el la fadenoj de iliaj vivoj mi kunplektis tragedian sorton de juna virino, kiu kuraĝis kontraŭstari la regantan ordon.

Ho jes, la ordo en la ŝtato, kie mi naskiĝis kaj kie pasis mia juneco, – tiu ordo estis tro terura, ĉar humiliga por la personoj, naskitaj kun hereda genetika aspiro al la libero.

Terura, jes. Sed ni estis en nia junaĝo, kaj tiu bela aĝo igis nin vivi: studi kaj labori, sporti kaj kanti, ami kaj naski infanojn, laŭeble – ĉu neglektante, ĉu evitante, ĉu kontraŭstarante la malliberigajn obstaklojn, kiujn starigis antaŭ ni la ordo. Mi supozas, ke el inter multaj obstakloj la plej lezaj estis tri.

La unua estis totala kontrolo de ĉiuj tiuepokaj amaskomunikiloj, farata de la ŝtato.

그 통제는 그 질서에 반대하던 이들의 모든 것을 빼앗아 가버렸습니다. 당시에는 인터넷이 아직 생기지 않았고, 텔레비전은 두세 개 채널로 제한되어 있었습니다. 그러나, 언론계를- 야금 공장이 있는 지역 언론이나 대학신문을 비롯해 중앙언론기관까지- 아무 근거 없는 또 무자비한 검열관들이 검열했습니다.

언론뿐만 아니라, 출간되는 책자, 광고매체, 견본서(간행물), 그림엽서, 단적으로, 인쇄소로 향하는 모든 자료를 검열했습니다.

둘째의 장애물은 모든 시민이 실제로 국가의 통제 안에서 감금되어 있었다고 해도 과언이 아닙니다. 외국으로 출국허가를 받으려면, 소련 시민은 몇 단계의 수치스런 테스트를 통과해야 합니다. 그 테스트에서 믿음이 가지 않는다고 하는 이들이 발견되면, 그는 결국에는 출국이 허락되지 않게 되어 있었습니다.

그리고 셋째로, 가장 지독한 장애물이라고 한다면, 국가보안위원회가 시민들을 절대적으로 통제한 것이었습니다. 그 국가보안위원회는 다른 나라 사람들에게는 KGB[12]로 알려진 기관입니다. 그 특별 기관은, 제1차, 제2차 세계대전을 치르면서 더욱 포악해져, '인민의 적"이라며 속인 채 낙인을 찍어서는, 수백만 명을 실종하게 했고, 독재자가 사라지고 난 뒤에도, 그리 많이 변하지 않았고, 그런 피에 굶주린 것을 조금 낮췄을 뿐이었습니다.

---

12) 국가보안위원회(國家保安委員會, 영어: KGB)는 1954년 3월 13일부터 1991년 11월 6일까지 존속했던 소비에트 연방의 정보 기관이다. 냉전 시기에는 세계에서 가장 영향력있는 정보기관으로 불렸다.

La kontrolo, forsarkanta ĉion, kion oni opiniis iel direktita kontraŭ la ordo. La Interreto tiam ankoraŭ ne naskiĝis, la televido estis limigita per du-tri ŝtataj kanaloj. Sed la gazetaron – ekde lokaj uzinaj aŭ universitataj ĵurnaletoj ĝis la centraj presorganoj – kontrolis la senskrupulaj kaj senkompataj cenzuristoj. Ho, ne nur la gazetaron, sed ankaŭ eldonotajn librojn, afiŝojn, reklamilojn, prospektojn, bildkartojn, kurtadire - ĉion, irontan en presejon.

La dua obstaklo estis ke ĉiuj civitanoj estis fakte prizonigitaj ene de la ŝtataj limoj. Por ricevi elirpermeson eksterlanden la sovetia civitano devis subiĝi al kelkŝtupa humiliga testado, kiu por la personoj, opiniataj nefidindaj, ĉiam rezultigis malpermeson.

Kaj la tria, la plej serioza obstaklo estis absoluta kontrolo de la civitanoj flanke de la Komitato pri la Ŝtata Sekureco, la institucio, kiun la alilandanoj rekonas laŭ la nomo KGB. Tiu speciala institucio, maturiĝinta inter la du Mondmilitoj kaj pereiginta milionojn da homoj, trompe atestitaj kiel « malamikoj de la popolo », ne multe ŝanĝiĝis post forpaso de la diktatoro, nur iom reduktinte sian sangavidon.

급료를 받는 공무원들, 고용된 비밀 관찰자들, 자유로이 고발하는 이들이 있어- 이 시스템은 보통 시민들의 의견을 탐색할 목적으로, 또 그 질서에 위험하다고 판단되는 이들에게 벌을 줄 목적으로 남아 있었습니다.

이 모든 장애물은 여러 나라에도 아직도 특징적으로 남아 있습니다.

한국은 그 속에 들어가 있지 않으니 다행입니다.

그러니, 그런 근본적으로 달리 살아온 삶에 한 번 관심을 가져 보는 것도 흥미롭고 교훈이 될 것으로 보입니다. 끝으로 저는, 제 작품을 한국어로 번역한, 유능한 번역자인 장정렬 씨에게 진심으로 고마움을 표하고 싶습니다.

미카엘로 브론슈테인

Pagataj oficistoj, dungitaj kaŝobservantoj, libervolaj denuncantoj − ĉi-sistemo restis por esplori opiniojn de simplaj civitanoj kaj por puni tiujn, kies opinioj ŝajnis danĝeraj por la ordo.

Ĉiuj ĉi obstakloj estas karakterizaj por multaj ŝtatoj. Bonŝance, ne por la via. Do, mergiĝo en la vivon esence malsaman, supozeble estos interesa kaj instrua.

Mi tutkore dankas la spertan tradukiston, s-ron Jang, sen dubo pri plena fidindeco de lia traduko.

Bondeziras al vi,

Mikaelo Bronŝtejn

옮긴이 후기

어머니말이 내가 태어나 커가며, 살아가는 곳의 문화를 이해하고 표현하는 도구라면, 국제어인 에스페란토는 국제화된 오늘날 우리 문화를 이해한 바탕으로 다른 문화를 깊이 있게 알게 해 주는 좋은 길라잡이가 됩니다.

자유로운 해외여행과 나날이 발전하는 인터넷 등으로 세계가 더욱 가까워진 오늘날, 에스페란토는 우리에게 나 아닌 다른 사람, 다른 도시 사람, 다른 나라 사람, 다른 언어권의 사람들을 '제대로' 이해할 수 있는 국제사회의 교양어, 지구인 서로를 사랑과 평화로 연결해 주는 교량어 역할을 충분히 해내고 있고, 앞으로도 더욱 그 범위는 넓혀질 것이라고 봅니다.

저는 일련의 번역 작업을 통해 에스페란토를 배우고 익힘이 세상의 진리, 진실에 접근하는 길 중 하나임을, 나의 번역의 동력을 만들어내는 한 방식임을 알았습니다.

역자는 에스페란토 입문 초기에 율리오 바기의 1920년 전후의 러시아 시베리아 중 원동인 블라디보스톡을 중심으로 작가의 자전적 소설 『희생자(Viktimoj)』(1925), 『피어린 땅(Sur Sanga Tero)』(1933)과 『초록의 마음(La Verda Koro』(1937)을 읽었고, 이 작품들은 순차적으로 번역해, 『초록의 마음(La Verda Koro)』(2019년 9월, 갈무리출판사, 208쪽), 『희생자(Viktimoj)』(2020년 10월, 352쪽), 『피어린 땅(Sur Sanga Tero)』(2020년 10월, 422쪽)은 진달래 출판사 배려로 출간되었습니다.

율리오 바기(Julio Baghy)의 작품 『희생자(Viktimoj)』, 『피어린 땅에서(Sur Sanga Tero)』와 『초록의 마음(La Verda Koro』은 우리나라와 국경을 맞닿고, 우리에게도 낯설지 않은 곳인 러시아의 부동항인 블라디보스톡 인근의 여러 도시로 여러분을 안내해 주었습니다. 그 작품의 시간적인 배경은 1910년대 후반과 20년대 초반, 우리나라로선 일제의 압박 아래 신음하고 있을 때입니다. 저자 율리오 바기는 러시아 혁명과 전쟁의 소용돌이 속에서 그곳 사람들이 어떻게 에스페란토를 배우고, 익히고, 활용하고 있는가의 모습을 보여주고 있습니다.

이 작품들은 삶의 가장 어렵고 힘든 상황에서도 에스페란토는 사람과 사람을 사랑과 평화로 연결해 주고, 나의 문화와 남의 문화를 이해하게 해 줍니다.

율리오 바기의 작품들을 번역한 뒤, 역자는 2015년 1월 이후 미카엘로 브론슈테인의 작품을 읽게 되었습니다. 미카엘로 브론슈테인이라는 에스페란티스토 작가는 어린 시절 에스페란토를 학습하고, 또 소련 사회의 구성원으로서, 신문기자로서, 1960년대 이후의 소련 사회를 자전적 소설 형식으로 자세히 기록해 두고 있었습니다.

소련 체제는 지난 30년 전인, 1991년 12월 역사 속을 사라졌습니다. 우리나라는 1988년 올림픽 경기 이후 노태우 대통령의 북방 정책에 힘입어, 당시 소련과 수교하게 됩니다. 당시의 정치를 다룬 백과사전의 항목에는 이렇게 적고 있습니다.

"1990년 6월 4일 한국 노태우 대통령과 소련 미하일 고르바초프 공산당 서기장이 정상 회담을 갖고 한소수교 원칙에 합의함으로서 한소수교가 성사되었다. 이는 1904년 러일전쟁으로 단교한 이후 한국과 소련 간의 86년 만의 국교 정상화이다.... 1884년 조러수호통상조약이 1904년 파기된 후에 공식 교류는 전무했으며, 미소 냉전 체제에서 한국과 소련도 적대적 관계가 지속되어 왔다. 한소수교는 노태우정권의 북방정책과 소련의 한반도 정책이 효과적으로 맞물린 결과로 평가된다. 즉 고르바초프의 개혁개방정책(페레이트로이카, 글라디노스트)과 탈냉전에 조응하려는 노태우 정부의 북방외교가 추진된 결과라고 할 수 있다. 노태우 정부의 북방외교는 1991년 9월 남북한 유엔 동시 가입, 1992년 8월 한중 국교수립 등으로 이어진다. 1991년 12월 소비에트연방이 해체된 후에 독립국가연합(CIS)이 탄생함에 따라서 소비에트연방을 법적으로 승계한 러시아공화국과 양국간의 외교관계가 자동으로 승계되었다."(『한국민족문화대백과사전』에서)

역자는 '국제어 에스페란토와 소련의 정치 상황과 무슨 관련이 있는가?'라고 묻는 이들에게 이 작품을 읽어 보라고 권하고자 합니다. 소련 체제는, 1991년 초에 무너져, 러시아를 비롯한 여러 나라로 분리 독립되었습니다. 우리 독자들은 소련 사회, 소련의 에스페란토 운동을 어떻게 보는가요?

여기 작가 미카엘로 브론슈테인은 소련 체제의 정치 환

경 속에서 꿋꿋이 에스페란토 운동을 이끌어 당시 소련 청년 에스페란티스토들을 그린 작품 『얌부르그에는 총성이 울리지 않는다』(1993년), 『청년운동의 전설』(1992년)을 썼습니다. 또한 그로부터 20년이 더 지난 시점에 1990년대 초 소련체제의 해체와 그 뒤를 러시아 에서의 경제적 궁핍과 자본주의 도입을 다룬 장편소설 『고블린스크 시』(2012년)를 기록하고 있습니다.

저는 미카엘로 브론슈테인의 에스페란티스토로서 운동과 활동과 사회를 보는 시각을 유심히 보게 되어, 이를 우리나라 독자들과 함께 공유하고자 합니다. 비록 나라는 다르지만, 먼 나라의 에스페란토 운동이나 활동과 에스페란토 학습자들은 무슨 생각과 어떤 활동을 통해 에스페란티스토가 되는가를 알 수 있는 저술이라고 봅니다.

지난 번에 출간된 미카엘로 브론슈테인의 흥미로운 작품 『얌부르그에는 총성이 울리지 않는다』는 먼 북쪽 얌부르그를 배경으로, 또 1975년 전후 소련 체제에서 솔제니친이라는 문학 거장을 배경으로 당시 소련 청년 에스페란티스토들의 삶과 그들의 운동을 그리고 있습니다. 이 작품에서는 소련 사회주의 정치가 국제어 에스페란토와 이를 사용하는 에스페란티스토들의 활동을 어찌 보고 있는지, 그 체제에서 에스페란티스토들이 자신의 삶과 자신이 선택해서 배운 에스페란토 언어 세계를 넓혀가는 운동을 어떻게 펼쳐갔는가를 저자인 미카엘로 브론슈테인은 자신의 삶을 중심으로, 1993년 이 작품을 발표하면서, 당시로부터 20년 전인 1970년대를 회상하는 작품을 그려내고 있습니다.

　이번에 출간하는 저자 브론슈테인의 작품 『청년운동의 전설』은 1992년 발간되어, 『얌부르그에는 총성이 울리지 않는다』보다 한 해 먼저 소개된 작품입니다.

　이 작품을 통해 우리는 저자가 어떻게 에스페란토를 배우고 익혀, 국제 행사에 참여하면서, 자신이 에스페란토 전문가이자 문학가로 성장하는 과정을 볼 수 있습니다. 또한 1960년대 초 청년 에스페란티스토 운동에 참여하면서, 자신의 포부와 당시 소련 사회를 우리 독자들이 살펴볼 수 있습니다. 1991년 12월 소련 연방이 해체된 이후 30년이 지난 시점에서, 지난날 소련 체제에서 소련 에스페란티스토 청년들이 어떻게 에스페란토 운동을 이끌어 왔는지를 우리는 자세히 살펴볼 수 있습니다. 이 작품은 소련이 붕괴된 후 씌여진 작품으로, 1960년대, 70년대, 1980년대 소련 사회를 이해하는 한 방법이 될 것입니다.

　우리나라와 같은 자유 사회에 사는 에스페란티스토들도 세계 에스페란토 흐름을 이해하는 단서가 되리라 봅니다.

　자유로운 문체로, 뭐든 에스페란토로 표현가능함을 보여주는 브론슈테인의 작품은 읽기 쉬워도, 읽고 나면 깊은 성찰을 하게 하는 작품입니다.

　이 작품 속에서도 러시아 문학의 한 형태인 바르도 시를 에스페란토로 풀어내고 있습니다.

*이 소설의 자료는 다음의 인터넷 홈페이지에서 가져 왔음을 밝힙니다.

http://miresperanto.com/biblioteko/sejm/01.htm
http://miresperanto.com/biblioteko/sejm/02.htm
http://miresperanto.com/biblioteko/sejm/03.htm
http://miresperanto.com/biblioteko/sejm/04.htm
http://miresperanto.com/biblioteko/sejm/05.htm
http://miresperanto.com/biblioteko/sejm/06.htm
http://miresperanto.com/biblioteko/sejm/07.htm
http://miresperanto.com/biblioteko/sejm/08.htm
http://miresperanto.com/biblioteko/sejm/09.htm
http://miresperanto.com/biblioteko/sejm/10.htm
http://miresperanto.com/biblioteko/sejm/11.htm
http://miresperanto.com/biblioteko/sejm/12.htm

 저자는 지난 2015년 1월 부산을 방문해, 부산일보와 인터뷰를 한 적이 있습니다. 여기 그 인터뷰도 이 책에 함께 실어 두었으니, 한 번 읽기를 권합니다. 여기에도 『얌부르그에는 총성이 울리지 않는다』번역본에 실린 "한국어 독자를 위한 글"도 함께 실었습니다. 저자의 이 한국어 서문을 읽어 보시면, 저자의 에스페란토와 에스페란티스토의 삶을 압축적으로 볼 수 있습니다.
 저자는 역자에게 이 책의 번역과 출판권을 기꺼이 허락해 주었습니다. 이 번역본에는 유명인사들이나 지명에 대해 약간의 각주를 달아 놓았습니다.
 책 읽는 것을 즐겨 하는 독자라면 그의 작품 세계에 한 번 빠져보는 것도 에스페란티스토로서 좋은 계기가 되지 않을까요?

역자는 이 작품 『청년운동의 전설』에 이어 앞으로 장편소설 『고블린스크 시』도 번역해 우리 독자에게 선보일 예정입니다.

  에스페란토를 제대로 잘 배워 익히면 에스페란토 세계가 한결 더 가깝게 느껴질 것입니다.
  한편으로, 우리 주변에 에스페란토 교육에 관한 관심이 부쩍 늘어난 것은 반가운 일입니다. 특히 대안 교육에서 적극적으로 에스페란토를 교과목으로 선택해 지속적으로 학습 과정을 이어나가는 것과 경희대학교, 단국대학교, 원광대학교, 한국외국어대학교 등 여러 대학교에서 에스페란토를 정규교과목으로 채택하여, 교육을 이어나가고 있습니다. 각 지역에서도 다양한 형태의 교육이 선보이고 있습니다.

  언어 학습의 4가지 활동 -듣기, 읽기, 말하기, 쓰기- 이 주로 교사(강사, 지도자)와 학습자의 만남으로 이루어졌다면, 오늘날에는 이 4가지 활동에 각종 개인용 휴대기기들을 활용한 학습이 기획되고 운용되고 있습니다.
  중요한 것은 학습 지도자의 전략적 계획 수립과 실천, 배우는 이의 열정과 의지와 시간 투자라는 것이 맞물려야 학습 효과가 나는 것입니다.

  최근의 학습 분위기에 맞춰, 에스페란토 문법을 배우면서 또는 배운 뒤, 학습지도자의 지도계획에 맞춰, 이 4가지 활동을 지원하는 교재로 이 『얌부르그에는 총성이 울리지 않는다』(Oni ne pafas en Jamburgo)와 『청년 운동의 전설』은 적절하지 않은가 봅니다.

 만일 혼자서 학습하는 이가 있다면, 이 책에 나와 있는 원서를 하루에 일정한 시간을 내어 정기적으로 읽고, 쓰기를 권합니다. 마찬가지로 원문 아래에 우리글 번역이 함께 있어, 학습자의 이해를 도울 것입니다.

 한편으로 지난 번역서의 후기에도 밝혔듯이, 이 책은 지역의 에스페란토지도자들도 이 책에서 보여주는 다양한 에스페란토 학습 구성을 통해 자신의 학습자들이 지속적으로 에스페란토계에 남아, 에스페란토 운동을 이끌어 나갈 수 있을지를 보여주는 좋은 사례이기도 합니다.
 역자의 경험에 따르면, 원서를 따라 읽고, 그 뜻을 생각해 보고, 또 원서를 한 페이지씩 학습자가 써 보면서 익힌다면, 또 다른 에스페란티스토와의 만남에서 이와 같은 문체를 익혀 내 사정에 맞춰 말해 본다면, 그 학습은 생각보다도 더 효과적일 것입니다.
 꾸준한 연습과 노력이 없으면, 아무리 좋은 교재와 도구가 있더라도 무용지물입니다.
 또 한국에스페란토협회 주관의 에스페란토실력검정시험이나 에스페란토 국제공인시험 (UEA-KER 시험) 등에 도전하는 이에게도 이 책은 효과적입니다. 세계에스페란토대회 참석을 준비하는 이에게도 더욱 효과적인 학습교재가 될 것이라고 생각합니다.

이 번역본을 발간하면서 생각나는 한 분이 계십니다. 한국에스페란토협회를 이끌어 오시고, <La Espero el Koreujo>의 발간사업을 주도해 오신 고(故) **한무협 (1923~2017) 선생님**입니다. <La Espero el Koreujo>는 1976년 창간되어, 각호가 5,000부씩 발간되어, 1994년 12월호(123호)를 마지막으로 종간되었습니다. 이 잡지는 1970년대 동서 냉전 상태에서 한국정부는 동구권과 유럽 각국에 한국을 홍보할 필요성 때문에 발간되었다고도 볼 수 있습니다. 역자도 1985년 한 해 동안 편집진의 일원으로 활동했습니다. 이 잡지는 소련의 붕괴로 동서 냉전이 끝나자, 정부 보조가 중단되어, 종간되었습니다.

한무협 선생님의 정기간행물 발간사업으로 한국 에스페란토계의 문화와 문학과 운동이 한층 깊어지고 넓어진 한편, 세계에 한국에스페란토운동이 꾸준히 소개되었음을, 지난 시절을 되돌아보면, 역자는 다시 한번 느낍니다.

이 번역본이 그동안 선배 에스페란티스토들이 이루어 온 업적에 후배들이 동참하는 계기가 되고, 나아가 독자 개개인이 에스페란토 실력을 높여, 우리가 지향해야 할 평화로운 사회, 국제사회에서 함께 추구해야 할 목표들을 함께 이루어 나가는데 좋은 길잡이가 되길 바랍니다.

그렇지만, 이 책에 간혹 나올지도 모를 오자나 탈자나 오역은 모두 역자의 몫이니, 지도자는 이 책으로 가르칠 때 고쳐 주시고, 학습자는 사전 등을 활용해 정확히 그 문맥을 이해하길 바랍니다.

끝으로 제 번역시도에 대해 혹시 독후감을 보내시려는 이가 있다면, 제 이메일(suflora@hanmail.net)로 보내주시면, 즐거운 마음으로 읽겠습니다.

2022년 1월 7일
에스페란토 첫걸음을 시작한
1980년 1월 7일을 생각하며

역자

옮긴이 소개

장정렬 (Jang Jeong-Ryeol(Ombro))
1961년 창원에서 태어나 부산대학교 공과대학 기계공학과를 졸업하고, 1988년 한국외국어대학교 경영대학원 통상학과를 졸업했다. 현재 국제어 에스페란토 전문번역가와 강사로 활동하며, 한국에스페란토협회 교육 이사를 역임하고, 에스페란토어 작가협회 회원으로 초대된 바 있다. 1980년 에스페란토를 학습하기 시작했으며, 에스페란토 잡지 La Espero el Koreujo, TERanO, TERanidO 편집위원, 한국에스페란토청년회 회장을 역임했다. 거제대학교 초빙교수, 동부산대학교 외래 교수로 일했다. 현재 한국에스페란토협회 부산지부 회보 'TERanidO'의 편집장이다. 세계에스페란토협회 아동문학 '올해의 책' 선정 위원이기도 하다.

역자의 번역 작품 목록

-한국어로 번역한 도서
『초급에스페란토』(티보르 세켈리 등 공저, 한국에스페란토청년회, 도서출판 지평),
『가을 속의 봄』(율리오 바기 지음, 갈무리출판사),
『봄 속의 가을』(바진 지음, 갈무리출판사),
『산촌』(예쥔젠 지음, 갈무리출판사),
『초록의 마음』(율리오 바기 지음, 갈무리출판사),

『정글의 아들 쿠메와와』(티보르 세켈리 지음, 실천문학사)

『세계민족시집』(티보르 세켈리 등 공저, 실천문학사),

『꼬마 구두장이 흘라피치의 모험』(이봐나 브를리치 마주라니치 지음, 산지니출판사)

『마르타』(엘리자 오제슈코바 지음, 산지니출판사)

『국제어 에스페란토』(D-ro Esperanto 지음, 이영구 장정렬 공역, 진달래 출판사)

『사랑이 흐르는 곳, 그곳이 나의 조국』(정사섭 지음, 문민)(공역)

『바벨탑에 도전한 사나이』(르네 쌍타씨, 앙리 마쏭 공저, 한국외국어대학교 출판부) (공역)

-『에로센코 전집(1-3)』(부산에스페란토문화원 발간)

-에스페란토로 번역한 도서

『비밀의 화원』(고은주 지음, 한국에스페란토협회 기관지)

『벌판 위의 빈집』(신경숙 지음, 한국에스페란토협회)

『님의 침묵』(한용운 지음, 한국에스페란토협회 기관지)

『하늘과 바람과 별과 시』(윤동주 지음, 도서출판 삼아)

『언니의 폐경』(김훈 지음, 한국에스페란토협회)

『미래를 여는 역사』(한중일 공동 역사교과서, 한중일 에스페란토협회 공동발간) (공역)

-인터넷 자료의 한국어 번역

www.lernu.net의 한국어 번역

www.cursodeesperanto.com.br의 한국어 번역

Pasporto al la Tuta Mondo(학습교재 CD 번역)

https://youtu.be/rOfbbEax5cA (25편의 세계에스페란
토고전 단편소설 소개 강연:2021.09.29. 한국에스페란토
협회 초청 특강)

<진달래 출판사 간행 역자 번역 목록>

『파드마, 갠지스 강가의 어린 무용수』(Tibor Sekelj 지
음, 장정렬 옮김, 진달래 출판사, 2021)

『테무친 대초원의 아들』(Tibor Sekelj 지음, 장정렬 옮
김, 진달래 출판사, 2021)

<세계에스페란토협회 선정 '올해의 아동도서'> 수상작
『욤보르와 미키의 모험』(Julian Modest 지음, 장정렬 옮
김, 진달래 출판사, 2021년)

『대통령의 방문』(예지 자비에이스키 지음, 장정렬 옮김,
진달래 출판사, 2021년)

『국제어 에스페란토』(D-ro Esperanto 지음, 이영구. 장
정렬 공역, 진달래 출판사, 2021년)

『크로아티아 전쟁체험기』(Spomenka Štimec 지음, 장정
렬 옮김, 진달래 출판사, 2021년)

『희생자』(Julio Baghy 지음, 장정렬 옮김, 진달래 출판
사, 2021년)

『피어린 땅에서』(Julio Baghy 지음, 장정렬 옮김, 진달래
출판사, 2021년)

『헝가리 동화 황금 화살』(ELEK BENEDEK 지음, 장정렬 옮김, 진달래 출판사, 2021년)

『알기쉽도록 <육조단경> 에스페란토-한글풀이로 읽다』(혜능 지음, 왕숭방 에스페란토 옮김, 장정렬 에스페란토에서 옮김, 진달래 출판사, 2021년)

『사랑과 죽음의 마지막 다리에 선 유럽 배우 틸라』(Spomenka Štimec 지음, 장정렬 옮김, 진달래 출판사, 2021년)

『상징주의 화가 호들러를 찾아서』(Spomenka Štimec 지음, 장정렬 옮김, 진달래 출판사, 2021년)

『침실에서 들려주는 이야기』(Antoaneta Klobučar 지음, Davor Klobučar 에스페란토 역, 장정렬 옮김, 진달래 출판사, 2021년)

『공포의 삼 남매』(Antoaneta Klobučar 지음, Davor Klobučar 에스페란토 역, 장정렬 옮김, 진달래 출판사, 2021년)

『우리 할머니의 동화』(Hasan Jakub Hasan 지음, 장정렬 옮김, 진달래 출판사, 2021년)

『얌부르그에는 총성이 울리지 않는다』(Mikaelo Brostejn 지음, 장정렬 옮김, 진달래 출판사, 2022년)